BIBLIOTHÈQUE DES HAUTES SCIENCES

LE GRAND LIVRE
DE
LA NATURE
OU
L'APOCALYPSE
PHILOSOPHIQUE ET HERMÉTIQUE

OUVRAGE CURIEUX
dans lequel on traite de la Philosophie Occulte,
de l'intelligence des Hiéroglyphes des anciens,
de la Société des Frères de la Rose-Croix,
de la transmutation des métaux, et de la communication
de l'homme avec des êtres supérieurs et intermédiaires entre
lui et le Grand Architecte.

VU PAR UNE SOCIÉTÉ DE PH... INC...
ET PUBLIÉ PAR D... DEPUIS I JUSQU'A L'AN 1790.
AU MIDI
ET DE L'IMPRIMERIE DE LA VÉRITÉ.

Nouvelle édition, revue et corrigée, augmentée d'une introduction
Par OSWALD WIRTH

PARIS
LIBRAIRIE DU MERVEILLEUX
P. DUJOLS & A. THOMAS
76, RUE DE RENNES

1910

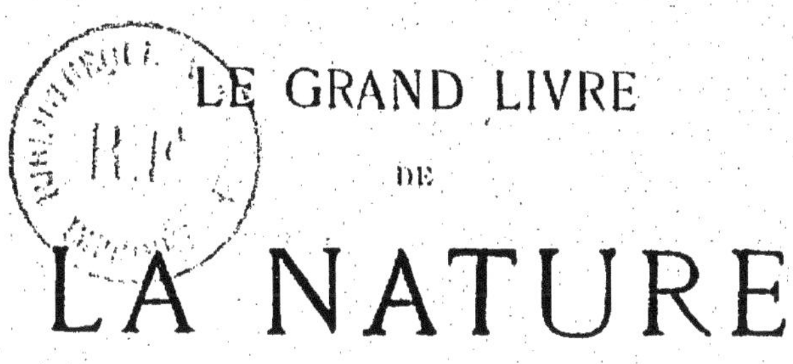

LE GRAND LIVRE

DE

LA NATURE

OU

L'APOCALYPSE

PHILOSOPHIQUE ET HERMÉTIQUE

BIBLIOTHÈQUE DES HAUTES SCIENCES

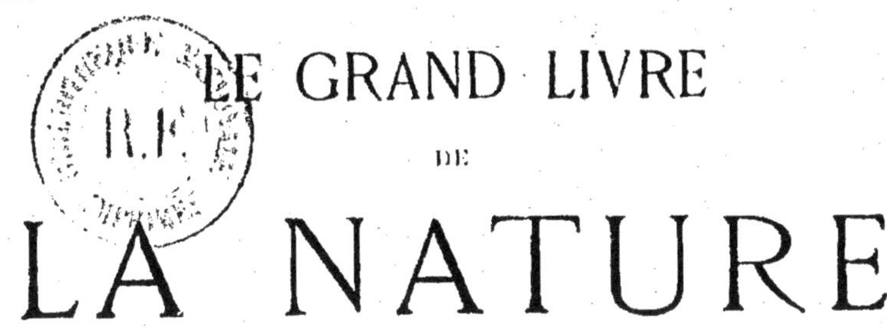

LE GRAND LIVRE DE LA NATURE

OU

L'APOCALYPSE PHILOSOPHIQUE ET HERMÉTIQUE

OUVRAGE CURIEUX
dans lequel on traite de la Philosophie Occulte,
de l'intelligence des Hiéroglyphes des anciens,
de la Société des Frères de la Rose-Croix,
de la transmutation des métaux, et de la communication
de l'homme avec des êtres supérieurs et intermédiaires entre
lui et le Grand Architecte.

VU PAR UNE SOCIÉTÉ DE PH... INC...
ET PUBLIÉ PAR D... DEPUIS I JUSQU'A L'AN 1790.
AU MIDI
ET DE L'IMPRIMERIE DE LA VÉRITÉ.

Nouvelle édition, revue et corrigée, augmentée d'une introduction
Par OSWALD WIRTH

PARIS
LIBRAIRIE DU MERVEILLEUX
P. DUJOLS & A. THOMAS
76, RUE DE RENNES

1910

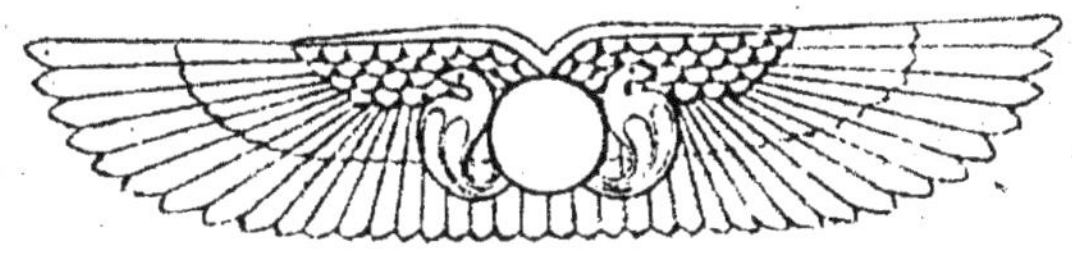

AVANT-PROPOS

LES DEUX INITIATIONS

Les Philalèthes. — L'Initiation masculine ou dorienne. — Les visionnaires. — Palingénésie. — Nombres. — L'Initiation féminine ou ionienne. — Epreuves purificatrices. — Expiations.

Par OSWALD WIRTH

La *Librairie du Merveilleux*, se proposant de rééditer un ouvrage curieux de la fin du XVIIIe siècle, a cru devoir me demander une notice destinée à rendre plus facilement intelligible le texte symbolico-apocalyptique dont il s'agit.

Je vais faire de mon mieux, sans prétendre soulever entièrement le voile de mystère et d'obscurité dont l'auteur s'est enveloppé comme à plaisir.

De semblables écrits ne s'adressaient qu'à un cercle limité d'initiés spéciaux, adeptes d'un mysticisme très particulier, ne se rattachant que fort indirectement à la tradition générale et universelle de la pure initiation.

L'auteur, en effet, se donne comme membre d'une *Société de Philosophes Inconnus* et se révèle ainsi comme *Philalèthe* ou *Ami de la Vérité*. Cette association prit naissance, en 1773, au sein de la R.·. L.·. *Les Amis Réunis*, O.·. de Paris. Elle avait la prétention de constituer une Maçonnerie au sein de la Maçonnerie, autrement dit une sélection d'esprits préparés à l'intelligence des secrets les plus sublimes de l'Ordre. Ces secrets ne devaient être révélés que progressivement, au fur et à mesure que l'investigateur des vérités occultes gravissait une échelle de douze degrés. Après avoir été reçu successivement *Apprenti*, *Compagnon* et *Maître*, comme dans toutes les Loges, il fallait, pour devenir *Pilalèthe* (12e), passer en outre par les grades d'*Elu* (4e), de *Maître Ecossais* (5e), de *Chevalier de l'Orient* (6e), de *Chevalier Rose-Croix* (7e), de *Chevalier du Temple* (8e), de *Philosophe Inconnu* (9e), de *Philosophe Sublime* (10e) et d'*Initié* (11e). L'âme de ce régime fut le F.·. *Savalette de Langes*, jeune Maçon fort épris de toutes les connaissances mystérieuses qui passionnaient alors les esprits les plus distingués. Ses premiers collaborateurs furent son oncle Thiroux de Gervillers, son cousin-germain du Pleix de Perles, le baron de Salis-Séevis, le marquis de Clermont-Tonnerre, Nicolas Autour, le marquis de Chambonas, le comte de Stroganoff, le comte de Salignac-Fénelon, les frères Tassin, Bouret de Vezelay, Bollioud de Saint-Julien, le vicomte de Saulx-Tavannes, le vicomte d'Houdetot, le marquis de la Jamaïque, Méry d'Arcy, etc. (1).

(1) Gustave Bord. *La Franc-Maçonnerie en France des*

Par la suite, le groupement bénéficia du concours de personnalités marquantes, telles que Court de Gébelin, le savant auteur du « *Monde primitif comparé avec le Monde Moderne* », Duchanteau, le Kabbaliste, mort en 1786 des suites d'une expérience d'alchimie physiologique tentée au sein de la Loge des *Amis Réunis*, Clavières, alchimiste, devenu plus tard ministre des Finances, le baron de Gleichen, ministre plénipotentiaire de Danemark, le président de Héricourt, le marquis de Chefdebien, Quesnay de Saint-Germain, adepte du magnétisme enseigné par Mesmer, l'archéologue Lenoir, Roëttiers de Montaleau, qui devait réorganiser le Grand Orient de France fin 1795, etc. (1).

Les Philalèthes se mirent d'ailleurs en rapport avec toutes les sources d'information en matière de Mysticisme, de Kabbale, de Magie, d'Alchimie, de Magnétisme, etc. Dès 1781, ils entrèrent en possession des archives du Tribunal Souverain du rite des *Elus Cohens*, fondé en 1754 par Martinès Pasqualis

Origines à 1815. Tome I. Les Ouvriers de l'Idée révolutionnaire, page 347.

(1) Voir *Nouvelle Notice historique sur le Martinésisme et le Martinisme*, page LXX. Cette notice, fort étendue et très intéressante, précède l'opuscule consacré par Franz von Baader aux *Enseignements secrets de Martinès de Pasqually* et constitue la partie de beaucoup la plus importante du Vol. 5, 2e série de la Bibliothèque Rosicrucienne publiée par l'Ordre Maçonnique de Misraïm (en vente à la librairie du Merveilleux).

ou de Pasqually. En 1785, ils firent appel aux lumières de Cagliostro, qui leur promit de les mettre en communication avec les êtres spirituels servant d'intermédiaires entre l'homme et Dieu. Mais, pour se rendre dignes de cette révélation, les Philalèthes auraient dû, au préalable, brûler leurs archives, où ne se trouvaient consignées que de détestables erreurs, aux dires de l'omniscient Joseph Balsamo.

∴

Pour se faire une idée des doctrines initiatiques professées par les Philalèthes, aucune lecture ne saurait être mieux appropriée que celle du *Grand Livre de la Nature*, qui fait l'objet de la présente publication.

L'auteur n'est pas de ceux qui ont subi les épreuves de l'initiation masculine ou dorienne. Il n'a point commencé par se dépouiller de ses métaux afin de pouvoir entrer dans la crypte funèbre, où le *moi* trouve l'isolement complet qui le met en présence de lui-même. Il ne s'est point, ensuite, purifié par la *Terre*, en descendant en soi-même, jusqu'au fond du puits où réside la Vérité intérieure et centrale, commune à tous ceux qui savent approfondir. Du centre, il n'est point remonté jusqu'au sommet d'un volcan, où, en émergeant du cratère, un vent furieux devait le saisir, pour le projeter, à travers l'*Air*, sur le sol banal où s'agite le commun des hommes. Il ne semble pas non plus avoir traversé impassible le champ de bataille où les intérêts se heurtent, terrain de luttes acharnées, circonscrit par un fleuve aux flots tumultueux. Lorsqu'il atteint cette rive, le futur Initié doit affronter l'épreuve de l'*Eau*, en entrant résolument dans le courant, mais sans se laisser entrainer par celui-ci, car, s'il était incapable de lui résister, il n'atteindrait jamais la rive opposée, où commence le domaine du vrai sage. Mais celui-ci resterait un stérile rêveur, si le *Feu* ne venait pas achever le cycle de ses purifications. Débarrassé par celles-ci de tout ce qui était étranger à l'essence de sa personnalité, l'Initié aperçoit la Lumière et apprend à se diriger vers elle, c'est-à-dire à la conquérir progressivement (1).

(1) Dans son *Ane d'Or*, Apulée nous renseigne comme suit sur ce premier degré des Mystères d'Isis. C'est son héros, Lucius, qui parle :

« Le prêtre écarte tous les profanes, et, couvert comme j'étais d'une robe de lin écru, il me prend par la main pour me conduire dans le sanctuaire même du temple. Peut-être, lecteur curieux, me demanderez-vous avec quelque anxiété ce qui fut fait ensuite. Je le dirais, si cela pouvait se dire ; vous l'apprendriez, s'il vous était permis de l'entendre. Mais le crime serait égal et pour les oreilles et pour la langue qui se rendraient coupables d'une aussi téméraire indiscrétion. Cependant, eu égard au désir pieux qui peut-être vous tient en suspens, je ne vous ferai pas subir une longue attente. Ecoutez donc et croyez, car je dis vrai. J'approchai des limites du trépas, je foulais du pied le sol de Proserpine, et j'en revins porté à travers tous les éléments. Au milieu de la nuit, je vis le soleil briller de son éblouissant éclat ; je m'ap-

Son apprentissage est alors terminé et c'est désormais comme Compagnon qu'il voyage pour se perfectionner dans les différentes branches de l'Initiation. Avant tout, il est appelé à acquérir une domination complète de soi-même. Toute résolution sagement prise doit être exécutée par l'Initié : il y a là une question de discipline personnelle qui est d'une importance capitale au point de vue de l'*action*. Le théoricien peut s'en dispenser ; mais le réalisateur, armé du maillet et du ciseau, doit savoir façonner la Pierre Cubique.

Il faut ensuite savoir mesurer le rayon de notre sphère d'action, afin de l'étendre proportionnellement au rapport qui relie l'Absolu au Relatif (Règle et Compas).

Ce rapport étant saisi, il devient possible de manier le levier qui soulève le monde, autrement dit la force d'un vouloir intense, aussi éclairé que désintéressé et persévérant.

Il s'agit ensuite d'achever la Pierre des Sages, c'est-à-dire la personnalité, qui devra subir en tous sens le contrôle de l'équerre, avant de posséder la vertu transmutatoire. Celle-ci ne résulte que de la perfection morale acquise, d'une sorte de sainteté

prochai des dieux de l'enfer, des dieux du ciel ; je les vis donc face à face, je les adorai de près. Voilà tout ce que je puis vous dire, et quoique vos oreilles aient entendu ces paroles, vous êtes condamnés à ne pas les comprendre. »

sanctifiante pour autrui, ou d'une santé rayonnante guérissant les maladies par simple approche.

Pour l'adepte exerçant tous ces pouvoirs, il viendra une période où il sera conduit à se recueillir. Il n'agira plus, son ardeur interne paraissant épuisée. Ce sera pour lui le moment de se livrer à la passivité réceptive : ayant tout donné, il se sera rendu digne de recevoir. Pur et sanctifié, il ne sera attractif que pour des influences hautement bénéfiques. S'il devient *médium*, ce ne sera plus à la manière des névropathes ou des déséquilibrés, car un suprême équilibre s'établira désormais entre sa personnalité consciente et le domaine de l'impersonnel, où le génie puise ses inspirations les plus hautes. Quand l'adepte en est là, il peut se dire *Illuminé*, car la Lumière a pénétré en lui, au point qu'il en devient lui-même lumineux.

Il ne possède cependant pas encore la Maitrise. Celle-ci exige de lui un retour intégral sur lui-même. Partant de la Lumière qu'il a conquise, il doit reculer et subir à nouveau, en ordre inverse, toutes ses épreuves. C'est le renoncement successif à tous les pouvoirs, à toutes les ambitions et même à toutes les espérances, aboutissant à l'anéantissement de la seconde mort initiatique. A ce moment, aucune lueur de clarté ne subsiste : l'obscurité correspond au noir absolu, qu'il faut avoir sondé pour ressusciter subitement à la Lumière définitive, et surgir du tombeau en incarnant en soi l'éternelle Tradition, celle qui, ne pouvant pas périr, renait en chaque Maitre digne de la perpétuer.

. . .

J'ai tenu, dans ce qui précède, à donner une notion sommaire du véritable programme initiatique, tel qu'il est formulé dans le ritualisme des trois grades de la Franc-Maçonnerie classique, aussi bien que dans les allégories dont se sont servis les Philosophes hermétiques pour décrire les opérations de leur mystérieux Grand Œuvre (1).

Or ce programme ne coïncide aucunement avec celui que nous trace l'*Apocalypse hermétique* de notre Philosophe Inconnu.

Nous tombons là immédiatement dans une pratique mystique beaucoup plus scabreuse, car elle débute par la recherche d'une hypersensibilité artificielle, source d'illusions dangereuses, quand la froide raison et le sens critique n'ont pas été sévèrement éduqués, avant qu'il soit permis à l'imagination de prendre son essor. Il faut s'être habitué à raisonner très rigoureusement, pour parvenir ensuite à imaginer juste. L'Initiation véritable forme des *voyants*, aptes à contrôler leurs impressions, alors que l'empirisme mystique ne produit que des *visionnaires*, incapables de discerner les mirages dont ils deviennent les jouets.

Il reste à savoir si parmi les visionnaires il ne con-

(1) Pour plus de détails, nous renvoyons le lecteur à nos publications initiatiques, telles que le *Livre de l'Apprenti* et *Le Symbolisme hermétique dans ses rapports avec l'Alchimie et la Franc-Maçonnerie* (en vente à la Librairie du Merveilleux).

vient pas de classer Martinès de Pasqually et ses nombreux disciples, dont Louis Claude de Saint-Martin fut le plus brillant. Martinès se livrait à des pratiques de Magie cérémonielle qui dénotent une initiation incomplète, attaché beaucoup plus à la lettre qu'à l'esprit de la pure tradition. Saint-Martin, âme très noble et intelligence droite, fut choqué par ce qu'il y avait d'inférieur dans les évocations et conjurations de son initiateur. Aussi chercha-t-il une voie purement spirituelle, comprenant bien que l'esprit ne se communique qu'à l'esprit, les sens, en ces matières, ne pouvant que tromper. Malheureusement, Saint-Martin manqua de vigueur, tant physiquement qu'intellectuellement. Il ne sut que planer dans les hauteurs, alors qu'avec Lucifer lui-même, il aurait dû se précipiter du ciel, pour plonger jusqu'au centre le plus profond de l'enfer. Il y a dans l'Initiation vraie quelque chose de diabolique, puisqu'elle incite l'individu à faire acte d'initiative, en s'insurgeant contre tout ce qui l'opprime. Tout comme le Serpent tentateur, elle exhorte l'homme à se rendre semblable à Dieu : elle en fait un Titan, qui ne craint pas d'escalader l'Olympe, après s'être enfoncé dans la nuit du Tartare, jusqu'au seuil du palais de Proserpine. Aussi, pour être initié, a-t-il toujours été indispensable de n'avoir peur de rien et de faire preuve d'une indomptable énergie.

Il est vrai qu'il existe aussi une Initiation féminine ou ionienne, basée sur la douceur et l'impressionnabilité. Saint-Martin s'y rattachait certainement, mais je ne puis être aussi affirmatif à l'égard des Philalèthes. Je crains qu'ils n'aient pataugé fortement dans le chaos, et le texte de notre Philosophe apocalyptique n'est guère propre à me faire revenir de mon impression. Voyons cependant les données qui s'en dégagent au point de vue initiatique.

∴

Arrêtons-nous tout d'abord à la recette abracadabrante pour obtenir la *palingénésie* des végétaux et, par analogie, celle des minéraux et des animaux. S'il fallait prendre ces choses au pied de la lettre, à la manière des souffleurs, nous tomberions dans le grotesque. Ce qu'on nous offre là, sous un aspect déguisé, doit être bien plutôt quelque rituel d'évocation. Notre chaleur vitale, autrement dit le fluide d'un médium, peut objectiver certaines images et nous restituer momentanément l'apparence de formes disparues. L'antique *nécromancie* savait ainsi faire apparaître les ombres et les galvaniser artificiellement, pour leur arracher des gestes ou des paroles. Martinès de Pasqually était manifestement instruit de pratiques de ce genre, de même que Cagliostro et d'autres charlatans, car ceux qui se livrent à de pareilles fantasmagories ne méritent pas d'autres titres. Ce sont des sorciers, bien plus que des mages, des bateleurs habiles à illusionner leur clientèle. Quant au véritable Initié, il ne cherche à éblouir personne ; son ambition est de passer inaperçu et de réaliser ses miracles sans que nul ne s'en doute.

∴

Ce qui est dit des *Nombres* me parait beaucoup plus important. Si l'Initié s'arrête à *Neuf,* c'est que le triple ternaire lui permet de relier l'Absolu au Relatif, l'Abstrait au Concret, comme l'indique le tableau suivant :

	ESPRIT	AME	CORPS
ESPRIT	Esprit de l'Esprit — L'Esprit pur, sujet pensant	Ame de l'Esprit — Idéalité, Verbe	Corps de l'Esprit — Idée, Pensée, Conception
AME	Esprit de l'Ame — Le moi conscient, sujet voulant.	Ame de l'Ame — La quintessence, Volonté	Corps de l'Ame — Désir, volition formulée
CORPS	Esprit du corps — L'initiative motrice, sujet agissant	Ame du corps — Vitalité, fonctionnement organique	Corps du corps — Corps astral, trame hyperphysique de l'organisme

Les Sephiroth de la Kabbale correspondent à des distinctions analogues. Trois cercles entrelacés engendrent d'ailleurs un septenaire sur lequel on ne saurait trop méditer.

N'oublions pas, au surplus, que Claude de Saint-Martin a consacré aux Nombres un volume entier. Ses interprétations ne sont pas toujours exemptes d'arbitraire ; il devient par suite difficile de déterminer la portée exacte des calculs auxquels s'adonnent les Philosophes Inconnus.

∴

Abordons maintenant l'*Apocalypse Hermétique*. Elle met en scène un aveugle chez qui s'éveille le désir d'obtenir le sens de la vue. Il souffre au milieu des ténèbres, si bien qu'il pleure et prie. Alors il perçoit une odeur suave, tandis qu'il est ravi du sol où il reposait. Il y a donc dégagement psychique, ou sortie en corps astral, comme disent les occultistes. Dans cet état, des bruits menaçants sont entendus ;

ils inspirent la terreur, font couler des larmes plus abondantes et prier avec ferveur. Résultat : la lumière est accordée. Elle s'obtient, si non à la première, du moins à la seconde réquisition. Il n'est pas nécessaire de la conquérir par soi-même péniblement, en surmontant une série d'obstacles : il suffit de la désirer avec ardeur, de pleurer et de la solliciter avec insistance de la divinité.

Les épreuves cependant sont inévitables. Ne les ayant pas subies *avant* d'avoir été gratifié de la vue spirituelle, il faut s'y soumettre *après*. La soumission n'est même pas volontaire, comme dans l'Initiation dorienne, mais elle s'impose, sans que l'on puisse y échapper.

C'est ainsi que l'aveugle, qui subitement voit clair, mesure avec terreur l'abime qui s'ouvre sous ses pieds. La crainte l'envahit, et il se demande s'il n'aurait pas mieux fait de ne pas ambitionner la lumière. Mais il est trop tard ; il ne lui reste plus, maintenant, qu'à plonger dans la mer du haut du rocher qui la surplombe. Jamais, de lui-même, il aurait ce courage, aussi faut-il qu'un éclat de pierre le blesse au talon pour lui faire perdre l'équilibre.

Comme il sait nager, notre homme en est quitte pour un bain forcé. Il ne tarde pas à gagner une digue qui défend contre les flots un jardin délicieux. Pour franchir cet obstacle, il est aidé par un enfant ingénu, qui l'engage aussitôt à se dévêtir entièrement. Il s'agit de revenir à l'état de nature, de candeur et d'innocence indispensable pour pénétrer dans l'enceinte paradisiaque. C'est la purification par l'Eau, combinée avec le dépouillement des métaux de l'Initiation dorienne, épreuves qui ont ici pour but de transformer l'imagination en un miroir reflétant fidèlement les images de la lumière astrale.

Trois chemins s'offrent ensuite conduisant, l'un au blanc, l'autre au vert et le dernier au bleu. Ces couleurs semblent se rapporter à Diane (lucidité, intuition, divination), à Vénus (gouvernement du fluide vital, magnétisme, médecine occulte) et à Jupiter (haut mysticisme, sainteté, théurgie).

Le disciple, étant incapable de choisir, se fie à l'oracle du papillon et se détermine pour le chemin vert, donc pour le maniement des courants vitaux, si ma conjecture est exacte.

L'enfant, disons l'ingénuité, conduit notre homme jusqu'en vue d'un labyrinthe accessible par sept portes, dont une seule conduit à la vie. Il s'agira de la trouver, non sans passer par sept degrés d'expiation.

Le disciple peut, d'ailleurs renoncer à l'entreprise et revenir au paradis ; mais il n'y jouira que d'un bonheur éphémère, car il ne tardera pas à en être chassé.

Livré à lui-même, il fait le tour du labyrinthe, dont toutes les portes se ressemblent. Près de l'une d'elles, il interroge un homme immobile, qui, pour toute réponse, lui donne un soufflet, immobilisant ainsi le questionneur, tandis que lui-même se hâte de franchir la porte voisine.

Ce remplacement d'un homme par un autre est singulier, non moins que l'immobilisation qui dure trois ans. Pendant ce stage, des êtres fantastiques défilent devant le voyant ; ils correspondent aux esprits élémentaires ou à des entités plus équivoques encore. Finalement, un nouveau questionneur s'étant présenté, le rite du soufflet se répète avec les mêmes conséquences.

Il ne peut s'agir là que de traditions qui se transmettent, en vue d'un entraînement approprié du système nerveux et de l'extériorisation du fluide vital.

Devenu libre, le disciple aborde le labyrinthe, où il est admis après avoir été revêtu d'un manteau. Il y fait ses premiers pas rituéliquement, puis on lui sert trois sortes d'aliments destinés à réparer ses forces.

Le voilà désormais appelé à exercer sa puissance, tout en s'inspirant de quatre tableaux allégoriques qui s'offrent à sa vue.

Le premier lui apprend qu'il faut avoir le cœur pur, être simple et confiant, pour puiser à discrétion dans le courant régénérateur de la nature.

Le second met en garde contre la négation et le scepticisme qui réduisent à l'impuissance la plus riche expérience et le savoir le plus profond.

Le troisième montre le caprice, la fantaisie, l'imagination, nourrissant l'ardeur desséchante, en vue de réaliser l'androgyne philosophique, à la fois rationaliste et mystique, raisonneur et voyant.

Quant à la quatrième peinture, elle fait allusion au déluge spirituel, submergeant tout sous la montée incessante des opinions passionnées. La vérité impartiale flotte sur les vagues ignées, appas des nageurs intrépides.

Mais une jeune femme séduisante l'attire. Il s'enflamme pour elle et s'élance dans ses bras, tout en rejetant le manteau qui aurait dû l'isoler et le mettre à l'abri des entraînements sensuels.

Croyant ensuite pouvoir ouvrir impunément le livre du Mystère, il se trouve frappé au front par un homme vêtu de noir, qui le renverse ainsi par trois fois, s'étonnant de le voir sans manteau. Pour aller à la recherche de ce vêtement indispensable, le disciple est conduit jusque dans une forêt, où il est abandonné seul, nu et sans défense.

Il lui faut alors se frayer une route à travers des fourrés habités par des animaux féroces, qui ne l'épargnent qu'en raison de l'orage épouvantable qui éclate et les terrifie autant que lui-même. Cette épreuve n'est pas sans analogie avec le premier voyage de l'Apprenti-Maçon (1). Elle oblige à résister aux forces extérieures, et enseigne à paralyser les instincts pernicieux. Marchant en avant avec persévérance, en dépit de tous les dangers, le voyageur finit par rencontrer un sentier qu'il reconnait. Il le suit, et se trouve ainsi ramené au jardin situé au bord de la mer. Là, il constate avec douleur la mort de l'enfant qui, au début, lui avait servi de guide. C'est en vain qu'il met tout en œuvre pour lui rendre la vie ; il ne lui reste plus, finalement, qu'à l'ensevelir.

Il lui est ensuite impossible de s'éloigner du tombeau de l'enfant, auprès duquel il lui faut dormir. Au réveil, il constate avec stupeur que sur la tombe se dresse une branche verte, autour de laquelle s'enroule un serpent. S'armant, cette fois, d'un courage qu'il a dû acquérir en traversant la forêt, ce disciple tue le serpent et ressuscite ainsi l'enfant, personnification de l'ingénuité qu'il faut savoir retrouver après

(1) Il convient aussi de se reporter à l'*Enfer* du Dante, le poète ne parvenant à la porte fatale interdisant tout espoir à ceux qui entrent, qu'en traversant l'effroyable forêt de l'ignorance et du vice, un lion (ambition) et une louve (avarice) l'arrêtent sur son chemin.

l'avoir perdue, l'adepte devant unir à la virilité, à l'expérience acquise, la candeur impressionnable des êtres réintégrés dans les conditions primitives de la vie édenale.

∴

Le manteau n'étant pas retrouvé, le disciple se résoud à retourner au labyrinthe ; mais, cette fois, en prenant la route qui conduit au blanc (clairvoyance, illumination intellectuelle).

L'escalier a sept marches, qu'il ne tarde pas à gravir à l'instigation de son guide, est connu des Compagnons. Il représente pour eux les différents ordres des connaissances humaines, dont ils ont à s'instruire. Mais, tandis qu'ils ne s'assimilent la science que lentement, un esprit intuitif peut arriver très rapidement à une synthèse lumineuse. La difficulté, pour le voyant, n'est pas de monter, mais de redescendre, en partant du bon pied et en marquant les arrêts voulus.

Il s'agit ensuite de combattre l'homme armé qui détient le manteau, afin de rentrer par la vaillance en possession de ce vêtement perdu en succombant à la séduction féminine.

Mais voici le disciple abandonné pour la seconde fois en vue du labyrinthe. Il va frapper à la porte la plus proche, mais elle reste fermée. A ce moment, survient un vieillard monté sur un chameau. Je reconnais dans ce mage la tradition orientale qui fournit la clef nécessaire. Il entre dans le labyrinthe avec son cortège, auquel se joint le voyant.

Ce vieillard est ensuite mis à mort, après avoir été attaché à l'une des deux colonnes qui se dressent dans une grande salle triangulaire.

Cela veut dire que le rationalisme de ceux qui n'ont reçu leur salaire qu'auprès de la colonne J.·. est destructif pour la tradition. Le voyant paraissant avoir des lumières que les meurtriers ne possèdent pas, il est logique de leur part de lui imposer la succession du vieillard.

Mais le futur Philalèthe ne songe qu'à ranimer celui-ci. Il le délie, mais constate qu'il a été frappé mortellement. Il se considère alors comme autorisé à s'emparer des insignes du vieillard et des documents qu'il trouve sur lui. Le véhicule de la tradition, le chameau, est à ce moment dévoré par un lion furieux. Peu importe, puisque les trésors intellectuels sont tombés en bonnes mains.

Il faut maintenant que les notions traditionnelles acquises soient approfondies. Pendant sept jours et sept nuits, notre Philalèthe marche comme dans un nuage de fumée très épaisse. Il rencontre alors un centre d'où jaillissent circulairement des étincelles. Il ne peut approcher, mais consent à livrer son manteau, qui lui est rendu réduit en cendres. Cela signifie qu'il n'a plus à redouter les influences extérieures ; c'est l'épreuve du Feu, en tant qu'elle rend perméables les écorces isolantes de l'individualité.

C'est dans cet état de réceptivité que le labyrinthe

est parcouru en tous sens. Près d'une grotte se montre alors le *Lion vert*, bien connu des hermétistes. C'est le symbole de la vitalité agissante, du fluide conquérant dont peut disposer l'adepte. Pour l'instant, le Philalèthe n'en a que la conception théorique ; il ne se sent pas encore capable de dompter cet animal redoutable, et passe outre. Par contre, il ne craint pas de cueillir les fruits de l'arbre de la science occulte, et il n'hésite pas à tuer l'oiseau rapace qui ne doit pas s'en emparer. Les neuf plumes qu'il arrache à cet oiseau, pour s'en faire une couronne, correspondent à des secrets de pratique magique, secrets surpris au cours de la lutte contre l'imposture.

∴

Toute convoitise mesquine est interdite au Sage qui aspire à réaliser le Grand Œuvre. Il doit mépriser les richesses périssables et ne chercher en rien son agrément personnel. S'il est foncièrement dévoué et désintéressé, comme il convient, les neuf plumes plantées dans ses cheveux tomberont à terre, pour se transformer en colonnes recouvertes d'inscriptions instructives. Ce sont les secrets pratiques conduisant à tout un ensemble de sciences mystérieuses. L'adepte est tenu d'étudier longuement ces sciences, dont l'une se refuse à son intelligence encore insuffisamment affinée. Il parvient cependant à saisir des lois d'ensemble, et cette synthèse lumineuse fait fondre les distinctions artificielles.

Devenu libre, il marche vers l'Orient, recherchant les causes productrices, les vérités génératrices. Il avance en vertu du ternaire syllogistique, puis il contrôle expérimentalement à droite et à gauche, sans hésiter à revenir parfois sur ses pas. Des chutes fréquentes ne le découragent pas ; chaque fois il se relève, poursuivant inlassablement sa route.

Finalement il passe sous une voûte, tandis qu'un bandeau se pose sur ses yeux. La voûte franchie, le bandeau tombe et le Philalèthe se trouve en pleine lumière, ayant à sa droite l'enfant secourable, et à sa gauche le vieillard ressuscité.

Lui ayant imposé le silence, ses compagnons le conduisent auprès du *Chandelier à sept branches*, pour lui expliquer le rôle des sept planètes, envisagées comme les causes secondes de l'Univers. Le vieillard s'étend, en outre, sur les vertus kabbalistiques des Nombres, pour en faire ensuite application à l'Astrologie.

∴

L'instruction reçue permet à l'adepte de se transporter dans le foyer même de la lumière intellectuelle, où il ne saurait se trouver seul, en son état ordinaire de conscience, car l'enfant et le vieillard l'accompagnent. Ce sont les personnifications de deux autres états de conscience, l'un (enfant) relevant de l'instinct, et l'autre (vieillard) se rapportant à une sorte de mémoire ancestrale.

Grâce à cette extension de la personnalité, l'adepte

communique avec la grande Isis et devient le confident de tous ses secrets. Des génies se manifestent à lui et l'instruisent de tout ce qui l'intéresse. Le Philalèthe contracte même une alliance avec l'un de ces êtres supérieurs, qui ne se sépare plus de lui, et auquel il s'abandonne entièrement.

Ce guide occulte réclame les cendres du manteau brûlé, afin de les soumettre à l'action du feu dans un creuset. Il fait prendre ensuite à son protégé un bain de sang humain, destiné sans doute à lui permettre de s'assimiler l'énergie vitale d'autrui.

Mais la force acquise ne donne pas accès dans le laboratoire où la nature opère ses métamorphoses. Pour y être admis, il faut apprendre à discerner les vertus des corps célestes, afin d'agir toujours en concordance avec ce qui est dans l'ordre universel des choses. Celui qui est irrévocablement déterminé à ne jamais contrevenir à cet ordre parvient seul à ouvrir le grand livre du Mystère, le livre énigmatique ne renfermant que des symboles, dont nul, hors le vrai Sage, ne connait la portée.

Après de longues années d'études silencieuses, le Philalèthe est conduit auprès d'une grosse pierre, supportant une lampe et une coupe. La coupe lui permet de boire à une fontaine ; quant à la lampe, elle guide ses pas vers un vaste bassin rempli de vif-argent. Le Génie précipite alors son protégé dans ce mercure et l'oblige à y rester pendant trois jours. Le laboratoire est ensuite ouvert au Philalèthe ; mais le feu s'y est éteint : il faut donc le rallumer.

Une dernière épreuve reste cependant encore à subir : celle du Feu destructeur de tout ce qui est étranger à l'essence même de la personnalité.

Cette fois, la volonté de l'homme devient souveraine, parce qu'elle n'est plus influencée par aucun caprice individuel, et qu'elle ne s'exerce qu'en accord parfait avec la volonté universelle.

Tel est le terme de toute Initiation, qu'elle soit dorienne ou ionienne, masculine ou féminine, hermético-maçonnique ou mystico-religieuse.

∴

Ce qui précède est fort loin d'élucider tous les points obscurs d'un texte sur lequel l'auteur n'était peut-être pas lui-même absolument au clair. Quand on écrit sous l'inspiration d'un « Supérieur Inconnu » dématérialisé, on n'est pas forcé de se comprendre soi-même. L'*Apocalypse hermétique* a d'ailleurs tous les caractères d'une composition inspirée ; c'est l'œuvre d'un médium cultivé, comme les écoles mystiques tendent tout naturellement à en former.

Je n'entends point par là déprécier les pages qui suivent ; au contraire : j'estime qu'elles méritent d'être très soigneusement étudiées. L'Occultiste averti pourra y puiser de précieux renseignements. Le Franc-Maçon partisan de l'initiation de la femme devrait tout spécialement les méditer ; mais elles se recommandent par-dessus tout à l'historien qui veut se faire une idée de la mentalité mystique de la fin du XVIIIe siècle. Rien ne jette peut-être plus de lumière sur les doctrines secrètes des disciples de Swedenborg, de Martinès de Pasqually et de Claude de Saint-Martin.

Ne serait-ce qu'à ce titre, le *Grand Livre de la Nature* devait être rendu accessible aux nombreux amis de la Vérité, qui la cherchent inlassablement, comme de sincères et authentiques Philalèthes.

Paris, février 1910.

OSWALD WIRTH.

INTRODUCTION

Quelque nécessaire que fût la publication d'un ouvrage de la nature de celui que je présente au public, nul mortel n'osa jamais la tenter (1) : l'erreur, l'ignorance et la superstition se trouvèrent toujours sur le passage de ceux qui voulurent faire usage des forces de l'homme.

Des milliers de trésors sont dans nos mains sans que nous soyons à même d'en jouir : l'être qui nous forma nous montre le bonheur, et nous avons la faiblesse de n'y compter que dans un autre monde.

Principe de toutes choses ! Source de vérité ! Père de tout ce qui m'entoure ! serait-ce t'offenser que de rendre à l'homme les lumières que tu lui donnas, et que des siècles d'erreur lui ont fait perdre ? Puisque tu m'ouvris le Grand Livre de la Nature, puisque tu

(1) Non, on n'a point encore dévoilé les grands secrets de la nature. Ceux qui nous ont laissé des indices, se sont enveloppés d'un voile ; les anciens philosophes se sont servi de paraboles pour nous instruire, mais leurs écrits sont à peu près nuls pour le commun des hommes.

me permis de le parcourir, je peux croire que tu m'as choisi pour rappeler des vérités depuis longtemps cachées. Oui, je dois penser que mon entreprise ne saurait te déplaire, quand c'est à toi que je dois l'idée et la puissance de l'exécution.

Avant que d'entrer en matière, je dois prévenir le lecteur que je ferai tous mes efforts pour mettre cet ouvrage à sa portée ; si je parais quelquefois inintelligible, ce sera toujours de la faute de ceux qui me liront. Chaque Chapitre s'expliquera par un autre.

Le titre de l'ouvrage fera rire quelques faux savants, et les empêchera de le parcourir : plongés dans d'épaisses ténèbres, ils ne pourront soupçonner l'existence de la lumière.

O hommes ! ô vous qui devriez être mes semblables ! n'encenserez-vous plus que de vaines idoles ! faut-il que le temple de la Vérité soit si désert ? Une institution antique et sacrée [la F.·. M.·.] nous met encore à la portée de voir ; mais les hiéroglyphes qu'on met sous vos yeux vous sont inutiles. Le temple s'ouvre, le bandeau s'arrache... Vous ne savez pas voir... Répondez, dites, qu'avez-vous vu ?...

Je ne viens point vous séduire par de feintes promesses ; mon but n'est pas de vous tromper. Ce n'est pas un système que je propose ; je n'élève la voix qu'en faveur des vérités utiles au genre humain. Je ramènerai, sous vos yeux, les premiers âges du monde, les desseins du Créateur, les rapports des êtres créés, et les lois de la nature. J'expliquerai quelques allégories que vous appelez sacrées ou profanes, suivant votre intérêt. Enfin nous pénétrerons dans tous les détours des sciences occultes.

J'aurais désiré me servir d'un style plus correct pour traiter cette matière, mais je n'ai pu, par des engagements connus, changer entièrement la manière reçue de parler de philosophie. Il a été nécessaire que je garde un petit voile, que j'ai pourtant éclairci tant que je l'ai pu.

Le principal morceau de ce livre, c'est l'*Apocalypse hermétique ;* on y voit la théorie et la pratique des sciences inventées et perfectionnées par de savants Egyptiens. Les autres endroits du Livre en sont l'interprétation ; en lisant le tout avec attention, on sera surpris de l'utilité et de l'immensité des matières que j'y ai traitées.

Qu'on ne pense pas ne voir en moi que le vil copiste de quelques auteurs magiques, alchimistes, etc. ; il y en a qui n'ont écrit que pour insulter à l'homme. Je ne saurais me tromper, ni tromper personne, puisque ce que je présente est le *Grand Livre de la Nature.*

Fin de l'Introduction.

SCIENCES OCCULTES

Quand on connaît l'homme, cet être si curieux de tout apprendre, on est étonné que ses connaissances soient si bornées : on le voit courir d'erreurs en erreurs, et malgré ses écarts, tantôt se croire philosophe, tantôt chimiste, tantôt astrologue, et quelquefois médecin. Chacun, n'écoutant que son amour-propre, se croit le juge compétent de son savoir ; et la faveur élève des bustes à d'illustres ignorants.

Dans tous ses vains efforts, l'homme ne montre pas, il est vrai, qu'il sait ; mais cela prouve qu'il fut créé pour savoir, et que s'il est dans les ténèbres, c'est un effet de son indolence, et non de son organisation.

Il y eut de tout temps des êtres privilégiés qui sortirent du cercle étroit des connaissances de leurs contemporains ; mais ces hommes furent non-seulement rares, ils se crurent encore obligés de garder le silence, ou d'envelopper au moins leurs idées sous des allégories dont le vulgaire ne comprit jamais le sens. Si quelqu'un se trouvait assez heureux pour obtenir d'être initié, on lui imposait avant tout la loi sacrée du silence ; cérémonie qui s'observe encore dans certaines occasions.

C'est dans les hiéroglyphes, dans les allégories des anciens qu'on trouve les éléments des sciences les plus utiles. Quoique de certaines personnes n'y voient que des fables, cherchez-y des vérités, vos recherches ne seront point vaines.

Pour me rendre intelligible, il est nécessaire que j'entre dans quelques détails sur l'histoire des hommes, sur les progrès comme sur la décadence de leurs connaissances. Avant que de passer à l'étude des Sciences Occultes, il faut être en état d'apprécier celles qui sont connues.

Le célèbre Buffon dit, en parlant de l'homme, que *tout annonce en lui le maître de la terre ;* cet immortel écrivain, en analysant ses semblables, leur fait sentir bien vivement ce qu'ils pourraient être. L'homme est, à n'en point douter, le plus parfait des animaux ; mais jouit-il de ses avantages ? sait-il se rendre heureux ? Comme il prend rarement la route du bonheur, il ose se dire avec assurance qu'on ne saurait le trouver sur la terre. On se forme des idées chimériques sur les intentions du Créateur : on parle d'un crime commis par le premier des hommes ; on explique de travers des allégories tracées par nos aïeux ; et l'on finirait par ne plus s'entendre, si la force ne publiait de temps à autre des lois, pour qu'on ait la même idée, à peu de chose près.

C'est en parcourant l'histoire du monde qu'on est

à portée de juger l'homme. Le besoin se montre d'abord son premier maître ; vient ensuite l'adresse. De là ces actions que nous nommons *vices* ou *vertus*, suivant le rang de celui qui les a pratiquées.

L'homme honnête et laborieux s'en fût toujours tenu aux travaux de l'agriculture ; mais il dut se trouver dans la société quelques oisifs qui créèrent des arts inutiles. On vit qu'il serait plus aisé de tromper ses semblables que de les nourrir.

Le génie fit naître les arts utiles, l'imposture en produisit de plus lucratifs encore. Cela étant, il est inutile de dire quels ont été ceux dans lesquels on a fait le plus de progrès. La théologie et la médecine, faites pour découvrir de grandes vérités, furent dans la suite la source d'une infinité d'abus. On se dégoûta trop tôt d'étudier, et l'on se mit à crier qu'on savait tout.

Cependant, je le répète, l'homme était fait pour savoir beaucoup. Celui qui fut le premier créé, ne sortit point des mains du Créateur dans un état d'enfance : le Livre de la Nature lui fut ouvert et expliqué. Tant qu'on s'est borné à cette lecture, on a connu sa perfection ; s'en est-on écarté, il a fallu tomber dans l'erreur.

Les premiers âges du monde présentèrent le tableau de l'abondance et de la concorde : alors il n'y avait pas une aussi grande barrière entre l'homme et les êtres célestes ; communication qu'on soupçonne encore de nos jours, mais dont on se rit, parce qu'on se rend incapable de la connaître.

Mortels, rappelez-vous que vous n'êtes pas seulement formés de matière ! une portion de feu céleste vous anime, et ne se détruira jamais. Cette partie de votre être, que vous nommez âme, peut et fait de grandes choses !

Malgré tous les privilèges que l'homme reçut du Créateur, que fait-il de plus que les autres animaux ? Comme ces derniers, il est sujet aux maladies ; l'on pourrait encore ajouter qu'il sait bien moins s'en guérir. Parcourons les sciences et les arts, nous le verrons douter de tout, prendre en tout de fausses routes, et s'égarer dans les opérations les plus simples.

La nature travaille cependant chaque jour sous nos yeux : elle dit, elle opère, et celui qui la connaîtrait parfaitement, passerait peut-être pour un imposteur, ou un ignorant. Quelques *Philosophes Inconnus* s'occupent à ces recherches, mais le temps d'instruire le monde en général n'est point encore venu.

On parvient à l'étude des Sciences Occultes par la juste connaissance des sciences connues. Le mot de philosophie et de philosophe, dont je me sers dans cet ouvrage, n'est pas le même que celui qui est à la mode. Les philosophes du jour, et les vrais philosophes ne sont pas les mêmes.

Je donne le nom de philosophe au vrai sage, qui porte ses travaux sur l'homme même, qui explique les lois de la nature, qui connaît la marche de ses productions, qui voit sur la terre quelque chose de plus que l'homme.....

Je divise la philosophie en science connue, et en philosophie occulte. Celle qui est connue comprend la physique, l'histoire naturelle, l'astrologie et la chimie. La philosophie occulte embrasse la vraie connaissance du Créateur et des créatures ; elle enseigne la communication que tous les êtres ont entre eux ; elle apprend l'art de changer les métaux et de les perfectionner ; elle montre enfin la futilité de la médecine ordinaire. C'est de la philosophie occulte que je traite particulièrement dans cet ouvrage.

Tout ce qu'on lit dans *Paracelse*, *Van-Helmont*, *Raymond Lulle*, *Glauber*, *Trévisan*, *Swedenborg*, *etc.*, n'est point un effet de leur erreur, ni de l'imposture : c'est donc dans ces écrivains qu'il faut chercher les préceptes des sciences occultes. Avec le Livre que je mets au jour, les écrits des adeptes sont faciles à comprendre. *Court de Gébelin* a donné dans ses œuvres l'explication des signes, des hiéroglyphes des anciens, c'est *le Monde primitif* qu'il faut étudier.

Ce n'est que lorsqu'on n'a aucune connaissance préliminaire, qu'on juge de l'impossibilité où l'on croit qu'est l'homme de parvenir aux Sciences Occultes. Quand on a la clef des sciences, on en voit la certitude. J'ai tout dévoilé dans l'*Apocalypse Hermétique*, qu'on trouvera après l'article des Sciences Occultes ; ce que je dis maintenant n'est que pour préparer le lecteur à l'étude de ce morceau sublime.

Après avoir peint la noblesse de l'artiste et de l'art, entrons dans l'atelier de la nature ; préparons-nous au Grand-Œuvre. Cette tâche n'est pas modique ; que d'abus à détruire ! que d'opinions à combattre ! que de préjugés à annuler !

Le flambeau, que le Grand Architecte plaça dans le centre des mondes, luit encore ; pourquoi sommes-nous dans les ténèbres ? Nature, montre-moi tes ressorts, je veux analyser tes ouvrages, et profiter de tes sublimes leçons !

La première opération, celle qui me frappe maintenant, c'est la végétation. Quel merveilleux spectacle ! Cet arbre, cette petite plante, ne sont point des êtres morts, ils tiennent aux autres créatures : ils naissent et se reproduisent par des mâles et des femelles. L'étude de ce travail de la nature est nécessaire au philosophe ; c'est par la connaissance des miracles de la végétation qu'il passe au règne minéral.

Un vrai philosophe connait la palingénésie, autrement appelée le phénix des végétaux. Cette curieuse résurrection des plantes, conduit à la résurrection des animaux, et à la transmutation des métaux. Comme cette connaissance est indispensable, je vais entrer dans quelques détails à ce sujet.

Quelques esprits forts soutiennent que la palingénésie ne peut s'exécuter ; mais, après les expériences des vrais philosophes et des habiles chimistes, on ne saurait en douter. *Coxe* a fait, en Angleterre, des essais très curieux sur ce sujet. *Digby* a connu les miracles de la palingénésie. Le célèbre Père *Kircher* en a beaucoup parlé. *J. Daniel Major* donne un traité de palingénésie. Le Père *Ferrari*, Jésuite, *Jean Fabre*, *Hannemann*, *Paracelse*, *Libavius*, *Bary* dans sa physique, etc., ont tous traité de cette opération.

Avant que de donner les règles pour réussir dans cette opération, écoutons ce que dit à ce sujet *Gui de la Brosse*, dans son livre *de la Nature des Plantes*, Chap. 6, p. 44 et autres. « Un certain Polonais, dit « M. de la Brosse, savait renfermer les fantômes des « plantes dedans des fioles ; de sorte que toutes les « fois que bon lui semblait, il faisait paraitre une « plante dans une fiole vide. Chaque vaisseau con- « tenait sa plante : au fond paraissait un peu de « terre comme cendres. Il était scellé du sceau « d'Hermès. Quand il voulait l'exposer en vue, il « chauffait doucement le bas du vaisseau ; la chaleur, « pénétrant, faisait sortir du sein de la matière une « tige, des branches, puis des feuilles et des fleurs « selon la nature de la plante dont il avait enfermé « l'âme. Le tout paraissait aussi longtemps aux yeux « des regardants, que la chaleur excitante durait. »

Pour répéter cette opération et produire ce phénomène, il faut agir de la manière suivante :

1° Prenez quatre livres de graines de la plante que vous désirez faire renaitre de ses cendres. Cette graine doit être bien mûre ; pilez-la dans un mortier. Mettez le tout dans un vaisseau de verre qui soit bien propre, et de la hauteur de la plante dont vous avez pris la graine. Bouchez exactement le vaisseau, et le gardez en un lieu tempéré.

2° Choisissez un soir que le Ciel soit bien pur et

bien serein ; exposez votre graine à la rosée de la nuit dans un large bassin, afin qu'elle s'imprègne fortement de la vertu vivifiante qui est dans la rosée.

3° Avec un grand linge bien net, attaché à quatre pieux dans un pré, ramassez huit pintes de cette même rosée, et la versez dans un vaisseau de verre, qui soit propre.

4° Remettez vos graines imbibées de la rosée dans leur vaisseau, avant que le soleil se lève, parce qu'il ferait évaporer la rosée. Posez ce vaisseau comme auparavant en lieu tempéré.

5° Quand vous aurez ramassé assez de rosée, il la faut filtrer, et puis la distiller, afin qu'il n'y reste rien d'impur. Les fèces qui restent seront calcinées, pour en tirer un sel bien curieux et fort agréable à voir.

6° Versez la rosée distillée et imbue de ce sel sur les graines, et puis rebouchez le vaisseau avec du verre pilé et du borax. Le vaisseau est mis dans cet état pour un mois dans du fumier de cheval.

7° Retirez le vaisseau, vous verrez au fond la graine qui sera devenue comme de la gelée ; l'esprit sera comme une petite peau de diverses couleurs qui surnagera au-dessus de toute la matière. Entre la peau et la substance limoneuse du fond, on remarque une espèce de rosée verdâtre qui représente une moisson.

8° Exposez durant l'été ce vaisseau bien bouché de jour au soleil, et de nuit à la lune. Lorsque le temps est pluvieux, il le faut garder en lieu chaud jusqu'au retour du beau temps. Il arrive quelquefois que l'ouvrage se perfectionne en deux mois ; il faut quelquefois un an. Les marques du succès sont, quand on voit que la substance limoneuse s'enfle et s'élève ; que l'esprit ou la petite peau diminue tous les jours, et que toute la matière s'épaissit.

9° Enfin, de toute cette matière, il doit s'en former une poussière bleue. C'est de cette poussière que s'élèvent le tronc, les branches et feuilles de la plante, lorsqu'on expose le vaisseau à une douce chaleur. Voilà comment se fait le phénix végétal.

La palingénésie des végétaux ne serait qu'un objet d'amusement, si cette opération n'en faisait entrevoir de plus grandes et de plus utiles. La chimie peut, par son art, faire revivre d'autres corps ; elle en détruit par le feu, et leur rend ensuite leur première forme. La transmutation des métaux, la pierre philosophale sont une suite de la palingénésie métallique.

On fait sur les animaux ce qu'on fait sur les plantes ; mais telle est la force de mes engagements que je ne peux pas m'expliquer ouvertement. Mais, que dis-je ? ne suis-je pas entré dans des détails assez circonstanciés pour ceux qui cherchent vraiment à s'instruire ?

Le degré le plus merveilleux de la palingénésie, est l'art de la pratiquer sur les restes des animaux. Quel enchantement de jouir du plaisir de perpétuer l'ombre d'un ami, lorsqu'il n'est plus ? *Artémise* avala les cendres de *Mausole* ; elle ignorait, hélas ! le secret de tromper sa douleur.

Gaffarel, dans son livre des *Curiosités inouïes*, raconte des opérations merveilleuses sur cette palingénésie des animaux. Je me borne à l'annoncer, et je renvoie, pour la pratique, à la lecture de l'*Apocalypse Hermétique* qui est après cet article.

Il faut réfléchir sur les secrets de cette espèce pour passer à la découverte de ceux qui peuvent être vraiment utiles. C'est par des réflexions et méditations sur ce sujet, qu'on a découvert les moyens de communiquer avec les êtres qui sont bien au-dessus de l'homme. Cette étude est difficile, mais n'est pas moins satisfaisante.

Nature ! je t'ai observée dans l'atelier de la végétation des plantes ; voyons celle des minéraux ! Montre-nous l'art de fabriquer ce métal qui fait tant de mal dans la société ; nous en ferons un tout autre usage.

Déjà, je vois la terre s'animer par l'influence de la chaleur ; les planètes se placent ; le feu agit ; l'eau s'évapore, le mariage se fait ; et l'enfant voit le jour. Toutes ces allégories sont sous un autre voile bien moins épais dans mon *Apocalypse Hermétique* ; c'est là qu'il faut puiser les vraies connaissances des *Frères de la Rose ✝ Croix*.

Il n'y a plus qu'un point essentiel à connaître, avant que d'être initié dans les grands mystères, c'est la science des nombres.

Le calcul est la première clef de la vraie science, mais les vrais calculateurs sont très rares ; ce qui le prouve, c'est que les loteries sont encore un emblème pour le vulgaire. Si les philosophes étaient des hommes intéressés, ils joueraient à ce jeu, et toujours à coup sûr. Je renvoie pour cela à mon *Apocalypse*.

Je reviens aux nombres et à leur connaissance. Les nombres sont des signes utiles. Le négociant s'en sert pour marquer des valeurs ; l'adepte les emploie pour donner des préceptes sur les Sciences Occultes. Il n'y a qu'un nombre connu ; ce nombre part de l'inconnu qui est un ; il se termine à neuf ; le vulgaire seul va plus loin.

Toute science tient à des lignes droites ou courbes ; emblème du vrai et du faux. Les caractères d'usage n'ont point été faits au hasard ; car un ne saurait être deux, ni deux ne saurait être quatre. Le zéro, auquel les arithméticiens ajoutent toujours un chiffre pour lui trouver de la valeur, est la racine du grand nombre parmi les *Ph... Inc....* Voici comment ils démontrent l'existence de la médécine universelle, et comment ils en consignent le secret dans leur sanctuaire.

Le jour on compte quatre ; la nuit on ajoute trois : le lendemain on dit neuf, pour revenir à sept. Deux fois sept se placent, on enlève neuf, il reste cinq. Ce n'est qu'après avoir lu tout ce livre, qu'on sera en état de combiner et d'apprécier ce calcul.

Cette étude est celle des *Ph... Inc...* C'est d'eux que je tiens toutes les vérités que je consigne dans cet ouvrage. Comme on pourrait ignorer ce que c'est que cette société, je dois en exposer l'institut et les travaux. O mes Frères, ne craignez point d'indiscrétion, je suppose tous ceux qui me lisent être F.·. M.·. Je dirai tout, sans parler aux profanes.

L'instituteur de l'ordre des *Frères de la Rose+Croix* était d'une famille noble de l'Allemagne ; il était moine. A l'âge de vingt et un ans, il avait déjà parcouru toute l'Europe. Il fut ensuite en Egypte, et auprès des philosophes arabes, où il s'instruisit.

Cette société est sous la protection du Saint-Esprit. L'institut et les travaux sont à peu près ceux de la F.·. M.·. excepté qu'on ne s'assemble point ; on écrit seulement au chapitre sans s'y rendre. On s'occupe à la réforme de tout ce qui n'est pas dans l'ordre et l'harmonie des choses. On travaille à la médecine universelle, et à la transmutation des métaux. On ne peut pas nommer ces Frères, *Chevaliers de l'Estomac*, car les *banquets* ne sont pas d'usage ni de règle. Ceux qui désireront de plus amples instructions sur ce sujet, pourront consulter *Paracelse* et *Libavius*.

Passons maintenant aux travaux des élus, ou des vrais adeptes. Je préviens qu'on ne saurait apporter trop d'attention à la lecture de l'*Apocalypse Hermétique*. Si elle semble inintelligible à la première lecture, on n'aura qu'à lire le Commentaire qui la suit, et le Dictionnaire alchimique qui est à la fin de ce livre ; en revenant ensuite à l'*Apocalypse*, on ne trouvera plus de difficultés.

APOCALYPSE HERMÉTIQUE

CHAPITRE PREMIER

I. Je n'avais point joui du plus beau des sens depuis le moment de ma naissance ; il y avait pourtant trente-six ans que j'étais parmi des hommes, en comptant à leur manière ordinaire.

II. Quoique privé de la vue, j'étais assez tranquille, parce que je croyais qu'il fût de mon essence d'être tel. Je végétais parmi des milliers de plantes de mon espèce ; et malgré que je dusse ma vigueur à l'influence de certaines constellations, je ne me doutais pas de l'éclat de la voûte azurée.

III. Assis sous un palmier, je réfléchissais un jour sur les malheurs de l'espèce humaine. Pourquoi faut-il, me disais-je, qu'un être aussi parfait que l'homme n'ait pas un sens de plus ? Il serait, ce me semble, bien heureux, s'il pouvait voir ?

Cette pensée m'agita vivement, et me fit sentir

mon malheur pour la première fois de ma vie. Quelques larmes coulèrent de mes yeux. Elevant machinalement mes mains vers le Ciel, j'adressai la parole au Créateur...

IV. Une odeur suave se répand alors autour de moi ; je me tais pour en jouir. Le charme augmente, je suis autre qu'auparavant. Ce qui me surprit davantage, c'est que je n'étais plus sous le palmier. Mes mains cherchèrent en vain l'arbre qui me servait d'appui, et le gazon sur lequel je m'étais reposé ; je ne touchais, ni ne trouvais rien autour de moi. Où suis-je ?.. Par quel être suis-je soutenu ?... Quoique je ne pusse m'instruire de ce qui m'arrivait, je n'étais aucunement inquiet sur mon sort.

V. J'ignore si je suis resté longtemps dans cet état ; comme homme, je ne savais point encore mesurer la durée du plaisir. Mes pieds touchèrent enfin la terre. Mes mains cherchèrent d'abord autour de moi pour savoir si j'avais été rapporté sous le palmier ; point d'arbre, point de gazon !...

VI. Un bruit confus m'arrêta dans mes recherches ; il me parut entendre quelques ouvriers occupés à renverser des murailles, ou à pratiquer une ouverture dans un rocher. La crainte s'empara de moi, parce qu'il semblait que les débris allaient m'écraser à chaque instant ; j'en entendais rouler autour de moi, et se briser les uns contre les autres. Comme je n'y voyais rien, et que j'ignorais dans quel endroit je me trouvais, il m'était bien difficile de me soustraire au péril qui me menaçait. Cette cir constance me fit sentir plus que jamais combien j'étais à plaindre d'être privé de la vue. Mes larmes coulèrent derechef sur mes afflictions ; j'implorai de nouveau mon Créateur.

VII. Quoique je fusse seul, je sentis une main se poser sur mon front. J'en fus bien épouvanté ; mais mes yeux virent pour la première fois de ma vie.

VIII. Dans tout autre temps, j'aurais sans doute été bien satisfait d'avoir un sens de plus. Mais combien j'eus à frémir, lorsque je me vis placé sur le bord d'un rocher au fond de la mer ; tandis que du côté opposé, des pierres énormes venaient à moi, et semblaient à chaque instant prêtes à m'entraîner avec elles au fond des eaux.

IX. Je ne savais si je devais, dans ce cas, savoir bon gré du présent qu'on venait de me faire. J'eus le malheur de faire quelques réflexions à ce sujet, l'on m'en punit.

X. Une pierre, détachée du vieux bâtiment placé au-dessus de moi, vint tomber à mes côtés. Un petit éclat me frappa au talon ; la douleur fut vive, et j'y portai la main. Mais, n'ayant pas su conserver l'équilibre dans ce mouvement trop précipité, cette situation fit vaciller mon corps déjà mal assuré, et je tombai dans le fond de la mer.

XI. La nature, cette mère sage et prévoyante, m'avait sans doute instruit sur l'art de parcourir adroitement les eaux ; sa leçon me fut utile dans cette circonstance. Quelque pressé que je fusse de prendre terre, je fis pourtant mes efforts pour ne point aborder près de la chute aux pierres. Je me mis à nager, et vins aboutir à un petit rempart qui empêchait aux eaux de pénétrer dans un jardin magnifique.

XII. Comme je faisais mes efforts pour traverser le mur et pénétrer dans le jardin, un petit enfant vint à moi, et me tendit la main pour m'aider à monter : je n'osais profiter de son zèle, car je craignais de l'entraîner avec moi. Il vit mon embarras, sourit, et me tira du danger.

XIII. Dépouille tous les vêtements, me dit mon petit conducteur ; on n'admet en ce lieu que l'homme de la nature.

XIV. Ensuite, me montrant trois chemins, il m'expliqua que j'étais libre de choisir, et qu'il s'offrait à me conduire par celui des trois qui me conviendrait. L'un, ajouta-t-il, conduit au blanc, l'autre au vert, et le dernier au bleu. Comme j'avais été aveugle pendant trente-six ans, il ne m'était pas facile de juger des couleurs ; j'avouai mon embarras à mon guide, qui me proposa, pour terminer la question, d'en décider par le sort.

XV. Il me remit un papillon, qu'il était allé prendre sur une plante que je ne connaissais point alors, mais dont j'ai bien entendu parler depuis. En lui rendant la liberté, remarque la route qu'il prendra, et dis-moi de te précéder dans la même.

XVI. Le papillon prit le chemin vert, je le dis à l'enfant, et nous le suivîmes.

XVII. A mesure que nous avancions, mon conducteur plaçait un signe à de certaines distances, en me disant, regarde et souviens-toi, car il faudra que tu retournes seul.

XVIII. Nous marchions depuis midi, le jour allait se terminer, et je n'apercevais encore aucune habitation. Je fis part de mes inquiétudes à l'enfant, qui les avait déjà devinées, car il ne me donna pas le temps de finir mon discours, pour me dire de m'armer de patience, ou de me déterminer à voyager seul, si je voulais me plaindre d'une épreuve à laquelle je devais me trouver fort heureux d'être soumis.

XIX. J'aperçus enfin une haute muraille. C'est dans cette enceinte qu'il s'agit de pénétrer, me dit-il. Ce que tu vois est un labyrinthe ; sept portes y conduisent ; mais une seule mène à la vie.

XX. Nous y voilà, ajouta-t-il ; je ne peux t'accompagner plus loin. Avant que d'entrer dans ce vaste bâtiment, considères-en l'enceinte ; réfléchis sur les sept portes ; tu t'égareras sans doute, mais il faut de la fermeté et de la constance. Tu te retrouveras au bout des sept degrés d'expiation.

XXI. Je m'aperçois, continua mon guide céleste, que tu juges mal dans ton intérieur des épreuves et du succès. Tu es libre de regagner ton premier état, si tu le veux. Retourne sur tes pas ; les signes que j'ai placés te ramèneront facilement dans le jardin où tu m'as trouvé ; là, comme le vieillard des vieillards, tu resteras quelques jours ; tu jouiras et te tromperas ; mais un être au-dessus de toi paraîtra le feu à la main, et te chassera dans la région des douleurs.

CHAPITRE II

I. Me voilà seul. Je considère l'extérieur du vaste bâtiment dans lequel je dois pénétrer ; comme on m'avait prévenu de faire un choix réfléchi sur les sept portes qui y conduisent, je me garde bien de me présenter à la première sans avoir examiné les six autres. Je marche et regarde ; mais mon embarras ne fait que s'accroître, car les portes se ressemblent parfaitement.

II. J'aperçus un homme, placé comme une statue, et immobile comme elle ; le mouvement seul de ses yeux me disait qu'il était vivant. Dans mon incertitude, je courus à lui pour lui demander des renseignements ; mais à peine avais-je commencé de lui parler, qu'il interrompit la question en me donnant un soufflet.

III. Cet attouchement me rendit tel que je venais de le voir ; je devins statue à mon tour ; et je vis celui qui venait de me frapper s'avancer vers la porte qui était en face de moi, et s'introduire dans le labyrinthe.

IV. Trois ans se sont passés dans cette situation et à la même place : j'ai vu, pendant cet intervalle, des choses que je ne peux dévoiler qu'en partie. Des animaux de toute espèce passaient sans cesse à mes côtés ; il y avait quelquefois parmi eux de ces êtres mixtes qu'on appelle aussi des hommes; couverts d'un frac brun, blanc, noir ou pie : ces derniers étaient ceux qui paraissaient le plus en vouloir à ma vie ; quelques-uns portaient une grande barbe ; tous avaient une corde autour du corps. L'un de ces êtres capuchonés vint à moi, et me remit un gros volume intitulé : *Des Peines de l'Enfer :* je le reçus de ses mains, et je lus.

V. Après trois ans d'épreuve, je vois un jour, au soleil levant, venir à moi un homme fort embarrassé ; cela me rappela ce qui m'était arrivé lors du soufflet de la statue. Comme on me fit la même question, j'y répordis de même, et le charme ne fut pas différent.

VI. Ayant été remplacé par un autre, je pris la route que j'avais vu suivre à mon prédécesseur trois ans auparavant. Je me présentai à une porte qui s'ouvrit avec bruit dès que j'en fus proche. Deux gardes, l'épée à la main, s'emparèrent de moi sans mot dire. Un troisième homme me couvrit d'un manteau magnifique. Après avoir fait quelques pas, d'une manière connue de quelques personnes, on m'introduisit dans un petit pavillon où je trouvai une table bien servie.

VII. Trois espèces de mets furent offerts dans ce repas ; j'en goûtai, et mes forces furent réparées dans l'instant.

VIII. Quelques coups se font entendre, je regarde mes conducteurs pour savoir ce que veut dire ce signal; mais tout avait disparu ; je suis seul.

CHAPITRE III

I. Je me lève ; et comme l'entrée du pavillon se trouvait fermée, je m'occupai à examiner les tableaux dont ce salon était décoré. Sur l'un, était représenté un enfant assis près d'un ruisseau de lait, et tenant une coupe à la main.

II. On voyait, dans un autre tableau, un vieillard infirme, couché sur des plumes de corbeau.

III. Le peintre avait représenté, dans un autre endroit, une chèvre allaitant un lion.

IV. Le quatrième tableau représentait une mer de feu sur laquelle flottait un flacon que quelques hommes s'efforçaient d'atteindre et d'attraper à la nage.

V. Il me vint dans l'idée que ces peintures allégoriques contenaient sans doute quelques vérités ; dans la certitude qu'elles n'avaient été placées là que pour m'instruire, je me mis à en chercher le sens. Mon œil fixa de nouveau le premier tableau ; comme il était placé dans un angle où la lumière du jour était un peu interceptée, je l'enlevai de sa place pour le placer ailleurs, et l'examiner de plus près ; mais je ne l'eus pas ôté, que je ne songeais plus à en étudier l'allégorie. Car ce tableau masquait l'entrée d'un magnifique appartement dans lequel je crus voir une jeune et belle femme étendue sur un sopha, où elle était couverte de fleurs.

VI. La passion m'égara, ou, pour mieux dire, je fus trompé par les illusions de la nature. M'élancer dans cet appartement, et tomber aux genoux de la beauté, ne fut qu'un instant pour moi. Mais, en quittant le pavillon, j'eus le malheur d'y laisser le manteau dont j'avais été couvert en entrant dans le labyrinthe (*Voyez le N° VI du Chapitre II*).

VII. Assis près de la belle qui s'était réveillée, je sentis que j'avais un cœur ; je crus voir palpiter le sien ; et je me livrai à tous les charmes de l'amour.

VIII. Après quelque temps de jouissance, j'entendis frapper à la porte de l'appartement : ma compagne ouvrit. Je reconnus les deux gardes qui m'avaient conduit dans le pavillon ; ils mirent de nouveau l'épée à la main, et me firent signe de les suivre.

IX. On me conduisit, et l'on me laissa seul dans une grande salle, où était un autel. J'en approchai. J'y vis un agneau couché sur un gros livre. Comme je me proposais de l'ouvrir, un homme vêtu de noir parut à mes côtés, et me renversa d'un coup qu'il me donna sur le front.

X. J'avais perdu tous mes sens, et ce ne fut qu'après quelques heures que je revins à moi. Je m'étais déjà relevé, lorsque ce même homme me recoucha aussi brusquement qu'auparavant ; cela fut répété trois fois. Il me demanda ensuite pourquoi je me trouvais dans ces lieux sans le manteau dont j'avais été couvert, lors de ma présentation ; ne sachant où je l'avais laissé, je ne pus répondre. Mon silence fut l'interprète de ma honte; et l'on me condamna à voyager jusqu'à ce que je l'eusse retrouvé.

XI. Le même homme vêtu de noir me conduisit hors de la salle; je me trouvai dans une forêt, seul, sans vêtements et sans défense.

CHAPITRE IV

I. Le Ciel se couvre de nuages épais, la foudre gronde, et l'éclair me montre, par intervalles, que je suis entouré de précipices et d'animaux féroces.

II. J'aperçois un abri sous une pierre énorme qui fermait d'un côté une voûte assez étroite; j'y pénètre, et je me trouve aux côtés d'un tigre qui s'y était réfugié par la même raison que moi. Je n'osais fuir quand je l'aperçus, car je craignais ; mais je vis qu'il craignait presque autant que moi. Le temps s'obscurcissait de plus en plus; la grêle, l'orage, le tonnerre, et ma frayeur, tout s'accroissait sans cesse.

III. Un loup se présente pour profiter de l'abri que je partageais avec le tigre. Ce dernier s'élance sur le nouveau venu; ils combattent, se déchirent et s'étouffent tous deux.

VI. L'orage s'est calmé; le Ciel est serein; je quitte ma grotte, et je cherche un sentier dans cette forêt.

V. Après quelque temps de marche, je me trouve dans une plaine. Je vois un sentier au bord duquel je reconnais une marque comme celles que plaçait l'enfant qui me conduisait au labyrinthe (*Voyez le N° XVII du Chap. Ier*).

VI. Je suis ce sentier qui me ramène au jardin que

j'avais trouvé en sortant de la mer. En entrant dans le jardin, je regarde autour de moi, et cherche l'enfant qui m'avait servi de guide. Je l'aperçois près d'une fontaine. Comme il était couché, je crus qu'il dormait ; mais je vis, dès que je fus près et lui, qu'il était mort, car le mouvement du cœur et celui de la respiration étaient interceptés. Je le pris dans mes bras, je l'agitai en différents sens ; ma bouche se colla sur la sienne pour rappeler le feu dans ses poumons. Cela étant inutile, j'essayai de le frotter avec les différentes plantes que je voyais dans le jardin ; je mis ensuite plusieurs animaux à mort dans l'espoir de trouver quelques remèdes ; mes soins, mes regrets, mes pleurs, mes vœux au Créateur, tout fut sans succès.

VII. Il ne me restait plus qu'à lui rendre les derniers devoirs. Mes mains creusèrent sa tombe, et l'y placèrent.

VIII. Après quelques larmes sincères répandues sur le tombeau, je me mis à parcourir le jardin pour y chercher un asile et des êtres semblables à moi. Quelque chemin que je prisse, je me retrouvais toujours dans l'endroit où j'avais inhumé l'enfant.

IX. Alors, je sentis qu'il était inutile de faire des efforts pour m'en éloigner ; je m'étendis sur le gazon, et je passai quelques heures dans le plus profond sommeil.

X. Ma paupière se rouvrit à la lumière du jour ; mais quelle fut ma surprise, lorsque j'aperçus une branche d'arbre placée sur le tombeau, et autour de laquelle était un serpent? Mon premier mouvement fut de m'éloigner ; réfléchissant enfin sur cette circonstance mystérieuse, je m'armai de courage, et je mis le serpent à mort. En le frappant, trois gouttes de son sang coulèrent sur la tombe ; la branche d'arbre et les restes du serpent rentrèrent dans la terre, et l'enfant que j'avais tant pleuré fut rendu à la vie.

XI. C'est pour toi, me dit-il, que j'avais perdu la vie ; tu me l'as rendue, nous sommes quittes. Sans le sacrifice de mes jours, ajouta-t-il, c'en était fait des tiens.

XII. Il s'expliqua trois fois de la même manière, et je l'entendis.

CHAPITRE V

I. J'avais consenti à tenter de nouvelles épreuves pour parvenir au labyrinthe. Nous nous mimes en marche, et prîmes la route qui conduit au blanc. *Voyez le nº XIV du Chapitre Ier*).

II. A une certaine distance nous trouvâmes un escalier à sept marches ; l'enfant me dit d'y monter.

III. Lorsque je fus au sommet, je vis au-dessous de moi quelques hommes qui travaillaient, et dont l'ouvrage allait bien lentement.

IV. Je descendis l'escalier d'une manière connue, et je rejoignis l'enfant. Nous marchâmes encore quelques heures. J'aperçus, à quelques pas de nous, un homme armé qui paraissait garder quelque chose de précieux, dans une cassette sur laquelle il était assis.

V. Mon petit conducteur m'apprit que je devais lui livrer bataille, le vaincre ou périr. Pour ranimer mon courage, il sortit du baume d'une boîte ; il m'en frotta les pieds, les mains, le front, etc.

VI. Après cette opération, je courus sur l'homme armé, mon bras l'eut bientôt renversé ; m'emparer de ses armes et l'en frapper, ne fut qu'un instant pour moi. Mon premier mouvement fut d'ouvrir la cassette ; je ne fus pas peu surpris d'y trouver le manteau que j'avais oublié dans le pavillon (*Voyez le nº VI du Chap. III*). Après m'en être couvert, je revins à mon guide, et je lui rendis de nouvelles actions de grâces.

VII. Nous marchâmes vers le labyrinthe que nous ne fûmes pas longtemps à découvrir. Près du mur, l'enfant me fit de nouveau ses adieux ; je fus encore seul.

VIII. Même embarras pour choisir, entre les sept portes, celle par laquelle je devais m'introduire. Je me présente à la première qui s'offre à ma vue.

IX. Je frappe, on n'ouvre point. J'appelle, personne ne répond.

CHAPITRE VI

I. Tandis que je me disposais à frapper de nouveau, je vis venir un vénérable vieillard monté sur un chameau.

II. Ce vieillard, et sa suite qui était assez nombreuse, vinrent à moi. L'un de ses gens m'approcha, me remit une clef, et me fit signe de leur ouvrir la porte. J'obéis, tous entrèrent, et je les suivis.

III. Je refermai la porte, et je donnai la clef à celui qui me l'avait remise. Nous nous rendimes tous dans une grande place triangulaire où étaient deux colonnes.

IV. Le vieillard descendit de son chameau. On le conduisit près de la première colonne, où il fut attaché, et mis à mort dans le même instant.

V. Ce coup me frappa, et me fit frémir : je me vis, sans le vouloir, complice d'un crime affreux. Ce qui m'épouvanta le plus, ce fut lorsque ces meurtriers se jetèrent sur moi, me saisirent, et me placèrent sur le chameau.

VI. Dès qu'on m'eut placé sur cet animal, tous les hommes sortirent de la place, et je restai seul avec le chameau. Je me hâtai de remettre pied à terre pour secourir le vieillard qu'on venait de frapper à ma vue. Je coupai les liens qui l'attachaient à la colonne. Je visitai ses blessures ; mais j'eus la douleur de voir que tous mes soins seraient sans espoir.

VII. Je remarquai qu'il avait une marque distinctive à la boutonnière de son habit : je crus devoir m'en saisir. Ce signe me fit naître l'idée de faire de plus amples perquisitions. Mes recherches ne furent point inutiles : je m'emparai de certains titres qui me prouvèrent que ce vieillard infortuné venait d'être la victime du fanatisme et de la superstition.

VIII. Tandis que je parcourais les papiers dont je venais d'être en possession, un lion furieux s'élança sur le chameau qui était à mes côtés, et en eut bientôt fait sa proie. Je crus devoir quitter la place, et sans réfléchir sur la route que j'avais à prendre, je suivis la première qui s'offrit à ma vue.

IX. Je marchai pendant sept jours et sept nuits dans une fumée très épaisse ; j'étais comme enveloppé dans un nuage. J'arrivai dans une place exactement ronde ; mais je ne pus point m'y arrêter ; il partait à chaque instant de son centre une foule d'étincelles qui me forçaient de ne pas quitter la circonférence du cercle.

X. Comme je me disposais à passer plus loin, un être, que je ne dois pas nommer, m'abordant, me dit de lui remettre mon manteau ; j'obéis. Il le porta dans le centre dont je viens de parler. Ce vêtement fut réduit en cendres ; on me les remit enfermées dans un flacon ; et l'on m'avertit d'en avoir soin.

XI. Je continuai ma route ; mais telle était la vaste

étendue de ce labyrinthe, que je voyais toujours devant moi des chemins qui semblaient ne devoir plus finir. Enfin, je vis une espèce de grotte que je n'osai visiter, lorsque j'entrevis un lion vert à quelque distance de l'entrée. Quoique j'eusse bien envie de me reposer, la prudence m'engagea à passer plus loin.

XII. Un figuier se trouve sur mon chemin, je prends trois figues ; un oiseau de proie me les dispute ; je le mets à mort.

XIII. J'arrache neuf plumes à l'oiseau, je les arrange dans ma chevelure ; et je poursuis ma carrière.

CHAPITRE VII

I. Je découvre un palais dont la porte était ouverte; je m'y présente. Nombre de valets m'approchent, et me disent qu'ils sont prêts à me donner tout ce que je pourrais désirer ; le repos ! leur dis-je assez brusquement. On m'apprit qu'il était impossible de le trouver dans le pays que je parcourais. On me tint de tels discours, que je me repentais presque d'avoir pénétré dans le labyrinthe.

II. Le maître de la maison ne tarda pas à paraître ; il m'interrogea sur mes événements. Après quelques questions nécessaires, il me conduisit dans une chambre où je vis des trésors immenses.

III. Frappé de la quantité d'or qui était dans cet appartement, j'eus la faiblesse d'en désirer une partie ; mon souhait ne fut pas achevé, que l'or, le maître, les valets, le palais, tout disparut.

IV. A cette révolution magique, il se fit un changement involontaire dans toute ma personne ; l'émotion fut générale, parce que je ne m'y attendais point. Tout mon être fut à la fois agité par l'admiration, la crainte et la frayeur : dans ces différents mouvements, les plumes que j'avais arrangées dans ma chevelure (*Voyez le n° XIII du Chap. V*) tombèrent et, en touchant la terre, se changèrent en colonnes d'une masse énorme ; il y en avait neuf ; leur arrangement était tel que je me trouvais renfermé entre elles sans pouvoir en sortir.

V. Ces colonnes étaient couvertes d'inscriptions ; j'y lis de choses merveilleuses. J'apprends de grandes vérités ; et je bénis le Très-Haut de tout ce qu'il opère pour mon instruction.

VI. Une seule inscription fut inintelligible pour moi ; je la lus et relus sans la comprendre. Les efforts que je faisais alors pour en trouver le sens étaient bien inutiles, car j'avais encore d'autres mystères à connaître avant que d'être au rang des élus.

VII. Le temps que je devais rester entre ces colonnes était fixé. J'avais trop à méditer, pour murmurer contre ma captivité. L'aurore parut un jour plus brillante qu'à l'ordinaire, la chaleur de l'air fut plus forte, les colonnes ne purent soutenir l'ardeur des rayons du soleil, et comme la glace se fond dès que l'hiver finit, ma prison disparut de même, et je fus libre.

VIII. D'après la lecture des inscriptions dont je viens de parler, je savais quelle route je devais prendre. Mes pas se tournèrent vers l'Orient.

IX. Trois pas en avant, d'autres de côté, quelques-uns en arrière, voilà ma marche.

X. Je tombe, et me relève. Je continue et j'arrive.

XI. Je crois être au bout de l'univers. J'aperçois une petite voûte qui me découvre un pays brillant ;

je me courbe pour regarder sous l'arc. Quand j'ai vu, je meurs d'envie de passer.

XII. Une main invisible me place un bandeau sur les yeux, je me baisse et passe sous la voûte.

XIII. Le trajet fini, le bandeau tombe. J'aperçois à mes côtés l'enfant qui m'avait servi de guide (*Voyez les Chap. I, IV et V*). Il était placé à ma droite. J'avais pour assistant, à ma gauche, le vieillard que j'avais vu mettre à mort quelque temps auparavant (*Voyez le n° IV du Chap. VI*).

XIV. Silence! me dirent les deux assistants, lorsque j'allais prendre la parole pour leur témoigner la joie que j'avais de me retrouver avec eux. Je me conformai donc à leur marche, sans mot dire.

XV. Nous arrivons dans l'enceinte où l'on est à portée de voir de plus près le chandelier à sept branches. Mes conducteurs rompent le silence pour me faire une leçon à ce sujet. Je n'avais pas encore vu la lumière d'aussi près.

XVI. Le vieillard m'enseigna la science des nombres. Nous calculâmes le nombre trois; j'appris celui de sept, et je trouvai le nombre neuf.

XVII. On m'enseigna l'usage du compas: j'essayai de mesurer et de partager les douze figures du Zodiaque. Le monde planétaire n'eut plus rien de voilé pour moi, car le temps de la première opération était venu.

CHAPITRE VIII

I. Je suis transporté jusque dans la demeure du soleil ; nous sommes toujours trois.

II. Ce n'est plus avec des hommes que je converse : êtres tout dégagés de la matière, mes maîtres sont ceux qui forment la chaîne qui lie la créature au créateur. Dépositaires des plus grands secrets de la nature et de l'art, ces Génies me font tout voir.

III. Un de ces Génies s'unit à moi pour ne plus me quitter ; je m'abandonne entièrement à lui. Il me demande compte des cendres du manteau qui avait été brûlé quelque temps auparavant (*Voyez le n° X du Chap. VI*).

IV. Nous nous rendons dans le laboratoire, le seul qui existe ; là tout est prêt à toute heure.

V. On jette les cendres dans un creuset : le feu agit, et la matière n'est plus elle. Pendant que Saturne devait livrer bataille à quelques satellites, mon Génie me conduisit dans un bâtiment peu distant du laboratoire.

VI. Il s'agissait encore d'une expiation pour pouvoir parvenir au terme désiré. Je vois mettre plusieurs hommes à mort ; leur sang coulait dans un bassin, où je fus couché, et condamné à passer deux heures et demie.

VII. Je sortis du bain, mais j'étais autre que lorsque j'y étais entré. Retournons au laboratoire, me dit le Génie, voyons si tu pourras t'y introduire.

VIII. Je suis à la porte, mes efforts pour y pénétrer sont inutiles. Autre expiation à faire : nouvelle et dernière préparation.

CHAPITRE IX

I. Prenons la sphère à la main ; fouillons dans les astres, afin de pouvoir terminer le Grand-Œuvre.

II. Nous faisons de grands efforts pour ouvrir le Livre ; l'éclair se montre, la foudre éclate, le charme cesse, et le Livre est ouvert. Chef-d'œuvre de l'intelligence céleste, ce Livre ne contenait que des énigmes pour moi ; mais j'avais déjà tant vu, que mes yeux furent bientôt au fait de saisir la vérité, quoique cachée dans le labyrinthe des hiéroglyphes.

III. Je découvre les secrets, et la sagesse du plus grand des Rois. Les langues anciennes me deviennent familières ; et je rougis de l'erreur où j'avais été jusqu'alors.

IV. Quelques années se passèrent dans l'étude et le silence ; mon Génie ne m'avait point quitté. Il était temps de retourner à la pratique ; mais il fallait quelque chose de plus pour pouvoir rentrer dans le laboratoire sans courir le risque d'y perdre la vie.

V. Le jour se cacha ; j'eus peur. Mon Génie me prit par la main ; il guida mes pas vers une grosse pierre sur laquelle était une lampe qui ne donnait qu'une faible lueur.

VI. A côté de la lampe était une coupe vide ; je

pris la lampe et la coupe. Je fis quelques pas pour me rendre près d'une fontaine, où il était dit que je boirais.

VII. Je laissai la coupe près de la fontaine ; je gardai la lampe pour guider mes pas mal assurés.

VIII. Un vaste bassin se présente, il était plein d'une matière liquide; ce n'était pas de l'eau, car elle était blanche et brillante comme l'argent. Mon Génie me jeta dans le bassin.

IX. J'y restai trois jours, en comptant comme les philosophes. La lampe fut consumée ; mais je n'avais souffert aucun mal. Au sortir de ce bain, nous primes le chemin du laboratoire ; le jour reparut dans tout son éclat ; je ne devais plus revoir les traces du père des ténèbres.

X. En entrant dans le laboratoire, nous vimes avec regret que le feu s'était éteint, et que l'opération n'était qu'à peine commencée. Mars n'avait point paru ; Jupiter était encore intact ; Vénus était libre, etc., etc. On remit du charbon dans le fourneau, le creuset rougit de nouveau ; et nous nous disposâmes à terminer l'œuvre.

XI. Il fallut moi-même subir l'épreuve des épreuves. Nous passâmes dans un salon, où quelques cyclopes donnaient aux élus ce qu'on doit appeler des bains de feu : tout était prêt.

XII. Je fus mis dans cet élément liquide et destructeur ; tout mon être semblait prendre une autre forme. Il ne me resta de l'enveloppe matérielle que ce qu'il en faut pour tenir à l'homme.

XIII. Je ne suis plus le même ; je rentre dans le

laboratoire ; les substances s'unissent et se séparent à ma volonté. Le rouge paraît, le vert le détruit, le blanc triomphe, le rouge revient à mon choix, et la nature n'a plus d'atelier secret.

XIV. Voilà ce que j'ai vu, ce que j'ai fait, et ce que tout homme laborieux et constant peut répéter. On trouvera, comme moi, des sentiers dans les endroits les plus sauvages.

XV. Celui qui m'a conduit dans mes travaux m'a laissé le choix d'instruire mes semblables, ou de jouir tout seul du fruit de mes veilles. J'ai préféré le premier parti. Je n'ai cependant pu le faire qu'aux conditions connues ; mais ces conditions ne peuvent arrêter que l'homme peu accoutumé à la recherche des grandes choses. J'ai fait mes efforts pour me faire entendre ; il en faudra peu pour me comprendre.

Fin de l'Apocalypse Hermétique.

COMMENTAIRE
SUR LA RÉVÉLATION PRÉCÉDENTE
OU
INTERPRÉTATION RAISONNÉE
DE L'APOCALYPSE HERMÉTIQUE

La Société des *Philosophes Inconnus* n'est point bornée par une nation, un royaume, ou autres lieux particuliers ; elle est répandue dans tout l'univers. Un institut, qui fut dicté par la raison, qui est éclairé par la religion, et que suit la vertu, doit être connu de tous les hommes. Les protecteurs sont inutiles pour être admis dans cette secte choisie : les grandeurs ne sont rien ; l'homme n'y est qu'homme, mais il y est vraiment homme.

Les recherches dont on s'occupe sont de détruire le mensonge, et de connaître la vérité. Pour y parvenir, on fixe la nature, on voit ses œuvres, on réfléchit sur la marche uniforme du Grand Tout.

Seul, l'homme est incapable de faire les sublimes efforts qui sont nécessaires pour voir : il se trompera, s'il cherche des guides dans ses semblables. Le célèbre *Emmanuel de Swedenborg* a donné de grands préceptes à ce sujet ; il serait inutile de les répéter, je renvoie à ses ouvrages ; mais je préviens qu'il faut savoir les lire.

Il existe une liaison entre les êtres matériels et les êtres spirituels. Pour se convaincre de cette vérité, on n'a qu'à réfléchir sur tous les êtres créés, et la chaîne qui les lie. Le règne végétal est lié au minéral, comme l'animal l'est au végétal par des corps que les naturalistes ne savaient où classer. L'homme est enfin lié à son auteur par des êtres intermédiaires que l'on a nommés différemment, selon les lieux et les temps.

On ne se dégage de la matière qu'en dépouillant le superflu de l'être. Le nombre n'est plus le même, il est alors plus parfait. Il serait hors de propos de nier cette vérité par la seule raison qu'on ne pourrait la concevoir. Tant d'adeptes ne se sont pas trompés pour avoir la satisfaction de nous conduire à l'erreur. Je vais m'expliquer plus ouvertement.

L'*Apocalypse Hermétique* offre, à celui qui en saisit le sens, toutes les vérités dont on s'occupe dans ces cercles délicieux connus sous le nom de F.·. M.·.

Ce n'est point pour flatter les profanes que je publie ce livre ; il n'est fait que pour ceux qui aiment et cherchent le vrai. Les élus sont rares ; l'*Apocalypse Hermétique*, ou plutôt *Philosophique*, a donc besoin de commentaire. Que le savant à la mode, que l'homme du jour n'entende rien à mon discours ! qu'il me traite de rêveur, et me confine aux petites maisons, je ris de sa sottise, et je sais l'art de me suffire à moi-même ! *Voir le mal, et faire le bien*, voilà ma devise.

Moïse nous a laissé des écrits qu'on révère à juste

titre ; son Livre est le seul utile ; mais il faut savoir lire les Livres sacrés. L'homme qui voudra s'instruire, n'a qu'à comparer la bible entre elle ; il n'a qu'à méditer sur les cérémonies sacrées des peuples qui ne sont plus, comme sur celles de ceux qui existent. Ce point est difficile, il est encore plus important.

Quoique dans les ténèbres, l'homme court après la lumière ; l'envie qu'il a de la connaître, prouve qu'elle existe. L'adepte n'est point un extravagant de faire des recherches ; l'idée qu'il a du sublime, prouve que le sublime existe. Plusieurs ont trouvé le but ; ils n'ont point osé le montrer ; ou si ces hommes rares ont parlé, ils se sont servis d'un langage mystique.

Ce qui surprendra le plus dans l'*Apocalypse Hermétique*, c'est que celui qui l'entendra, y trouvera les sept degrés d'expiation connus dans la F.·. M.·., et même parmi tous les chrétiens. Il y verra la vérité de quelques passages qui sont épars dans les Livres saints du grand Salomon.

L'intelligence de l'*Apocalypse* précédente lui démontrera des vérités que l'auteur d'un livre, *Des Erreurs et de la Vérité*, n'a fait que soupçonner.

On trouve dans l'*Apocalypse Hermétique*, une relation exacte de la réception, et conduite des *Philosophes Inconnus* : tous les secrets des F.·. M.·. y sont dévoilés. La transmutation des métaux et la médecine universelle y sont montrés dans tout leur jour. Enfin c'est vraiment le manuel d'un adepte.

Pour hâter les travaux de ceux qui cherchent la vérité, je crois ici pouvoir joindre une explication abrégée des premières connaissances nécessaires à l'intelligence des grandes opérations. Je ne trahis aucune société, et je prie tout lecteur de ne point abuser de la complaisance de ceux qui se sont expliqués sur les mystères.

Paracelse, *Van-Helmont*, *Libavius*, *Levinius*, *Cardan*, *Porta*, *Scaliger*, *Wecker*, *Mizalde*, *Gesner*, *Garzias*, *Acosté*, *Monarden*, etc., etc., ont écrit comme *Basile Valentin*, *le Cosmopolite*, et d'autres; mais plusieurs n'entendent point ces ouvrages, et les trouvent aussi obscurs que le système de Saint-Martin.

Cela vient de ce qu'on n'a aucune connaissance préliminaire, lorsqu'on cherche à finir le Grand-Œuvre. Les auteurs ne s'étant expliqués que par paraboles, comment les entendre, si on n'est de tout point initié ?

Les planètes ne sont pas seulement, pour les adeptes, les globes qui tournent autour du grand astre. *Mars* donne quelquefois son nom au fer, d'autres fois au soufre.

Le mot d'*Azoc* ou d'*Azoth* est le nom de *Mercure*, qui s'appelle aussi *lait virginal*.

Il ne faut pas confondre les métaux du vulgaire avec ceux des philosophes : les uns sont morts, les autres vifs.

On distingue dans l'art, le mâle et la femelle ; ce sont deux principes, l'un est le soufre, et l'autre le mercure : on les conjoint pour qu'ils forment un germe.

La correspondance des métaux entre eux est une connaissance que doit avoir celui qui s'applique à l'étude de *Rose ✝ Croix*. Pour entendre cette correspondance, il faut considérer la position des planètes, et faire attention que *Saturne* est le plus haut de tous, auquel succède *Jupiter*, puis *Mars*, le *Soleil*, *Vénus*, *Mercure*, et enfin la *Lune*. Les vertus des planètes ne montent point, mais elles descendent ; les élus savent que *Mars* se change en *Vénus*, et non pas *Vénus* en *Mars*. On voit clairement, en réfléchissant sur cette correspondance, que la nature tient son laboratoire ouvert, et qu'elle ne cherche rien à cacher à l'œil philosophe.

Pour parvenir à l'exécution de l'œuvre, il faut suivre la même route que le Grand Architecte employa à la création des mondes : c'est l'art de débrouiller le chaos.

Ce sont la *Composition*, *l'Altération*, la *Mixtion* et l'*Union* qui, faites dans les règles de l'art, donnent le fils légitime du soleil, et produisent le phénix sans cesse renaissant de ses cendres.

La putréfaction découvre de grandes choses; sans elle, point d'opérations.

Le feu philosophique est le feu dont se sert la nature : il y en a de trois espèces qui sont le naturel ou le masculin, l'inaturel ou le féminin, enfin le feu contre nature qui corrompt le composé et délie ce que la nature avait lié.

On trouve à toute heure et en tout lieu la matière qui sert à l'œuvre ; on la cherche pourtant spécialement dans la nature métallique.

La terre vierge n'est pas si rare qu'on pense ; c'est une erreur de la chercher dans la profondeur de la terre. Toutes les qualités de terre en donnent de la vierge, lorsqu'on leur a fait subir les opérations convenables.

Les deux *Dragons* qui se font sans cesse la guerre, sont l'eau et le feu. Il s'agit de les mettre en action l'un et l'autre ; un autre élément s'y joint, et la magnésie complète le mélange.

On passe par douze portes pour trouver la pierre Philosophale :

1° La Calcination.
2° La Dissolution secrète.
3° La Séparation des éléments.
4° La Conjonction matrimoniale.
5° La Putréfaction.
6° La Coagulation.
7° L'Incinération.
8° La Sublimation.
9° La Fermentation.
10° L'Exaltation.
11° La Multiplication.
12° La Projection.

Ces douze entrées sont dépeintes dans l'*Apocalypse Hermétique*, et dans les Livres sacrés. On n'a qu'à lire avec attention, on verra clairement à l'aide de ce Commentaire que l'homme peut faire de grandes choses.

Lorsqu'il est question de clef, on entend un menstrue.

Dans l'œuvre, il y a le *Septentrion*, *le Midi*, *le Levant* et *le Couchant*. *Le Levant* c'est le blanc ; *le Midi*, c'est le rouge, et le *Couchant* est le commencement du noir.

Si ce que je viens de dire ne satisfait pas tous les lecteurs, j'en suis fâché ; je n'ai plus qu'un avis à donner dans ce Commentaire ; mais qu'on y fasse attention, cet avis est bien utile. Toute la combinaison philosophique se réduit à faire d'un deux, et de deux un, rien de plus ; c'est là le nombre mystérieux de trois qui cache celui de sept, et qui ne saurait passer celui de neuf.

Il me semble entendre quelques lecteurs, peu faits pour les Hautes Sciences, s'écrier, en lisant ce Commentaire, que l'explication n'est pas plus claire que l'*Apocalypse*. Celui qui se croira en droit de me faire des reproches, peut renoncer à la lecture de ce livre, comme à l'espoir de pratiquer la Philosophie Occulte. Je suis sûr de m'être rendu intelligible à ceux qui, avant moi, ont parlé des secrets de la nature.

Avant que de chercher à être initié, il faut avoir lu les ouvrages d'Hermès. Il faut connaître le *Passage de la Mer Rouge*. On doit avoir étudié *le Sentier himique* de Paracelse, le *Vade-mecum* de Raymond Lulle, les *Observations de Trévisan*, et *la Physique restituée*.

Comme la lecture de ces ouvrages est très difficile, j'ai cru devoir joindre à mon *Apocalypse* une clef pour l'intelligence des écrivains philosophes : je vais expliquer, par des mots usités, le langage des adeptes ; ainsi leurs termes mystiques et leurs hiéroglyphes ne rendront plus rebutants ni obscurs des ouvrages qui sont le dépôt des connaissances de l'homme.

J'avertis encore qu'il faut, pour bien entendre l'*Apocalypse Hermétique*, connaître les ouvrages de Moïse, de Salomon, etc. Les Livres saints contiennent tous les préceptes de religion, ceux de morale, et ceux de philosophie ; mais il ne faut pas s'en tenir à la lettre.

LE LANGAGE DES ADEPTES

OU

DICTIONNAIRE ABRÉGÉ DE PHILOSOPHIE

AVEC L'EXPLICATION DES MOTS ET DES HIÉROGLYPHES (1)

C'est avec ambiguïté que tous les artistes ont parlé de leurs connaissances ; cette conduite était nécessaire, d'autant plus que tous les hommes ne sont pas faits pour la vérité, ni tous les yeux pour la lumière. Sans manquer aux engagements que contractent les *Philosophes Inconnus*, j'ai entrepris de dévoiler des vérités ; je fais tout mon possible pour rendre mes œuvres utiles. J'aurais cependant peu fait pour les curieux, si je ne joignais à mon *Apocalypse* un Dictionnaire des mots reçus dans la philosophie secrète. On trouve dans cet écrit le nom des choses, le secret des caractères, et le mot des énigmes qui font le désespoir de quelques curieux. Je souhaite qu'on n'abuse point des effets de ma condescendance ; la Philosophie Occulte est un labyrinthe où doit se perdre le vulgaire ; au lieu d'y cueillir des fruits, le savant ordinaire n'y doit rencontrer que des épines. Quelque attrayante que soit cette étude, elle est suivie de beaucoup de dangers.

(1) Nous croyons utile de donner ici les variantes qu'on trouve dans l'ouvrage de Taexsi : *Le Suisse Catholique deux fois ;* les noms entre crochets sont ceux qui figurent en plus dans Taexsi.

A

[**ABATOS.** — Rocher ; lieu du laboratoire des Jug.·. Phil.·. Inc.·.]

ACETUM PHILOSOPHORUM. — Eau mercurielle ou lait virginal qui dissout les métaux.

ANIADIN. — Signifie longue vie.

ANNUS PHILOSOPHICUS. — Le mois commun.

ALCHAEST. — Préparation du mercure.

AMIANTHUS. — La salamandre.

ALEMBROTH. — Ou la clef de l'opération des philosophes.

ANDENA. — Acier oriental.

AQUA CŒLESTIS. — Le vin sublimé.

AQUILA SPAGYRICORUM. — Sel ammoniac.

ATRAMENTUM. — Vitriol.

AQUA SOLVENS. — Vinaigre distillé.

ATIMAD ALCOPHIL NIGRA. — Antimoine.

ALCHARIT ou **ZAIBACH.** — Le vif-argent.

ALMISADIR. — Le vert-de-gris (1).

AREMAROS [ARMARAS]. — Le cinabre.

ASMARCECH. — La litharge.

ALCITRAM. — Huile de genièvre.

ALCALIGATAM [ALCALIGATUM]. — De la momie (2) jointe à un sel alcali.

(1) Voir aussi Jarin.

(2) C'est probablement la mumie de Paracelse (N. des Edit.).

ALCŒANI [ALXANI]. — C'est le changement de la forme superficielle des métaux.

ALARTAR. — Cuivre brûlé [Cuir brûlé].

ANIADA. — Signifie les influences des astres.

ALCUBRITH. — Le soufre.

AZIMAR. — Le minium.

ALABARI [ALUBARI]. — Le plomb.

AS-HERMETIS. — Le lion vert.

AHOT. — Le lait.

ACUREB. — Le verre.

ALFUSA. — La tutie.

ANTIMUM. — Le miel le plus pur.

ÆS PHILOSOPHORUM. — L'or des philosophes, et non le vulgaire.

B

BARNABAS. — Le salpêtre tiré d'un endroit où l'on a jeté souvent de l'urine.

BAURAT. — Signifie tout sel.

BOTRI. — Une grappe de raisin.

BERILLUS. — Miroir de cristal dont on se sert pour les opérations magiques.

BOTIN. — Vinaigre thérébentiné.

[**BACHIS.** — Bien, ou la perfection du travail].

C

CAFA [CUFA]. — Le camphre.

CALENA [CALESSA]. — Le salpêtre.

CHAOS. — L'air selon Paracelse.

CLARETTA. — Blanc d'œuf.

COTORONIUM [COTORNIUM]. — Liqueur.

CORTEX MARIS [CARLOX MARIS]. — Vinaigre philosophique.

CABET. — Limaille de fer.
COMINDI. — Gomme arabique.
CALCHITEOR. — Marcassite.
CARBONES CŒLI. — Les étoiles.
CAUDA VULPIS RUBICUNDI. — Le minium de plomb.
CYDAR. — Jupiter (1).
CÉBAR. — L'aloès.
CRISTI PABULUM. — Urine d'un petit enfant.
COPHER. — Bitume.
CATINA. — L'alun.
COLERITIUM. — Sorte de liqueur qui corrode tous les métaux excepté l'or.
COR MINERALE. — L'or.

D

DRAGANTIUM [DRAGATITIUM]. — Le vitriol.
DENOQUOR [DENOGNOR]. — Le borax.
DERAUT [DEVANT]. — L'urine.
DIATESSADELTON. — Mercure précipité.
DULCEDO SATURNI. — L'âme du plomb.
[**DANAE.** — Monnaie d'un pur métal, heureux résultat du travail philosophique].
DAURA. — L'ellébore ; quelques-uns entendent l'or.
DOVERTALLUM. — La génération qui se fait des éléments.
DUELECH. — Pierre qui se forme dans le corps humain.

E

ELKALEI [ELKALI]. — L'étain.
EZEPH. — De l'or.

(1) Voir aussi HUNT.

EDIR. — L'acier.
ELQUALITER. — Le vitriol vert.
EZIMAR. — Fleur de cuivre.
EPAR. — L'air.
ELOME. — L'orpiment.
ENCARIT. — La chaux.
EPHODEBUTHS. — Nom de la pierre philosophale lorsqu'elle est finie.
[**ECHIDNA.** — Furie, ou les obstacles qui existent dans le Grand-Œuvre].
ELEPHAS [ELPHAS] SPAGIRICE. — L'eau forte.
EVESTRUM [ERESTRUM]. — Signe qui présage l'avenir.

F

FLOS SECTÆ CRÆ [CROCE]. — La fleur de safran.
FŒNIX [FENIX]. — La pierre physique.
FŒDULA. — La mousse.
FONS PHILOSOPHORUM. — Le bain-marie.
FEDEUM [FEDUM]. — Le safran.
FIDA. — L'argent.
FILIUS UNICUS DEI. — La pierre philosophale.
FEL DRACONIS [DRAGONIS]. — Le mercure tiré de l'étain.
FACINUM. — Du cuivre.
FLOS MARIS. — Blanc de baleine.

G

GASARD. — Le laurier.
GLUTEM. — Fiel de taureau.
GAZAR. — Le galbanum.
GERSA. — La céruse.

GRUMA. — Le tartre.

GRILLEN. — Le vitriol.

GUARINI. — Des hommes vivant de l'influence du ciel.

GUMA. — L'argent.

GIBARD. — Médecine tirée des minéraux.

GLACIES DURA. — Le cristal.

[**GROSIA.** — Amulette du nord, sert d'heureux présage aux Juges Philosophes].

H

[**HARPÉ.** — Sorte de poignard qui sert dans le Grand-Œuvre].

HENRICUS RUBENS. — Le vitriol calciné au rouge.

HARO. — Espèce de fougère.

HYCOHY. — Le sang d'un jeune homme sain.

HORISON [HORIZON]. — Le mercure de l'or.

HAL. — Le sel.

HEL. — Le miel.

HORIZONTIS. — Or potable.

HUNT. — Jupiter (1).

HERNEC PHILOSOPHORUM. — L'orpiment philosophique.

HAGER [HUGER] ARCHTAMACH. — La pierre d'aigle.

I J

IGNIS LEONIS. — Le feu.

[**INDEX.** — Les matières fixées].

[**JANUS.** — L'or maniable des philosophes].

JARIN [JARIM]. — Le vert-de-gris (2).

JASPA. — L'herbe de la Trinité.

(1) Voir aussi Cydar.

(2) Voir aussi Almisadir.

ILLEADUS [ILLENDUS]. — La première matière de toutes choses.

IPCACIDOS. — La barbe du bouc.

IGNIS ŒTHEREUS. — La pierre infernale.

K

KAKIMA. — Terre métallique.

KAIB. — Lait de vinaigre.

KIST. — L'opoponax.

KIBRIT [KIBRIST]. — Soufre puant.

KIBRIS. — Chef et père de la lumière.

[**KRODUS.** — La divinité qui préside aux travaux des J.·. Ph.·. Com.·. Inc.·.].

L

[**LUCILLA.** — La Lune. La première crasse qui sort du laboratoire].

LAOC. — L'étain.

LUBEN. — L'encens.

[**LUBEU.** — L'aimant].

LULFAR. — Les perles.

LATRO. — Le mercure.

LOT. — L'urine.

LAPIS INFERNUM. — La pierre ponce.

LIAB. — Le vinaigre.

LAMERÉ [LUMENÉ]. — Le soufre.

LEO VIRIDIS. — Le vitriol.

LYDIA. — La pierre de touche.

LASER. — Le benjoin.

LUSTUM [LUSTRUM]. — La graisse de lait.

LIQUOR AQUILEGIUS. — Le vin distillé.

LIMBUS. — Le monde universel.

LABOS BALSAMUM. — La liqueur où quelque métal enflammé est éteint.

LAXA CHIMOLEA. — Sel qui naît sur les pierres.

M

MAGNESIA PHILOSOPHORUM. — L'argent uni au mercure et rendu fluide.

MAGNALIA. — Les œuvres du G.·. A.·. de l'U.·.

MENSIS PHILOSOPHICUS. — Le temps de la digestion chimique, qui est de quarante jours.

MAGOREUM. — Médicament magique.

MANNA MERCURTALIS [MERCURIALIS]. — Mercure précipité en eau forte, puis élevé par le feu.

MELIBŒUM. — Le cuivre.

MERCURIUS LAXUS. — Le turbith minéral.

MARTACH [MORLACH]. — La litharge.

[**MENDES.** — Le dieu qui préside au Grand-Œuvre].

MADIC. — Le petit lait.

MALARIBRIC. — L'opium.

MOZ. — La myrrhe.

MARUCH. — L'huile.

MERDASENGI [MERDUSEGI]. — Plomb calciné et réduit en poudre.

MERCURII ASTRUM. — La sublimation.

MAJUS NOSTER. — La rosée des philosophes.

MAGNESIA LUNARII. — Le régule d'antimoine ou plomb des philosophes.

MAGNESIUS MAGNENSIS. — Poudre philosophale faite avec le sang humain.

N

NASTAC ou NOSTOCH. — Une gelée qu'on trouve dans la belle saison, après la pluie ; elle est transparente, verdâtre. On croit que c'est une déjection des étoiles....... erreur.

NITRIALES. — Les pierres calcaires.

NEPSIS. — L'étain.

NÉCROLIUM [NOROLIUM]. — Médicament qui préserve de nombreuses maladies.

NECTAT [NECTUT]. — Préparation qui se fait avec du vin blanc et du vin rouge.

NOSTROS [NASTROS]. — On s'en sert pour désigner les espèces de feux.

[**NAPHTHÉ.** — Poix employée pour aider à l'œuvre philosophique].

O

OBRIZUM. — Or calciné couleur de châtaigne.

[**ORTHRUS.** — Ou la constance et fidélité du philosophe dans son laboratoire].

OTAP. — Sel ammoniac rouge avec eau de vitriol rouge.

OABELCORA. — Cucurbite.

OPHIRISI [OPHIRIS]. — Liqueur du soleil.

ORIZON ŒTERNITATIS. — Les influences célestes.

OSEMUTUM [OS MUTUM]. — Le fil de fer.

ORISEUM PRŒCIPITATUM. — Le safran d'or.

ORISEUM FOLIATUM. — L'or en feuilles.

P

[**PUTHEAL.** — Autel des sacrifices].

PRATIUM [PRATICUM] VIRIDE. — Fleurs de cuivre.

PRESMUCHIM. — La céruse.

PATER MÉTALLORUM. — Le soufre.

PROPOLIX. — La cire vierge.

PISASPHALTOS. — Le bitume.

PIETRA VINI. — Crême de tartre.

PENTACULA. — Amulettes ; certains signes qu'on porte pour se guérir ou se préserver des maladies.

PILI ZENII. — Les petits poils blancs qui sont autour de la cuisse du lièvre.

PAULADADA. — Terre sigillée qu'on trouve en Italie.

PRIMUM VEGETABILE. — Le tartre.

PLECMUM. — Le plomb.

PARTHENIUM. — La camomille romaine.

PHŒNIX. — La pierre physique.

Q

QUARTURA. — L'or le plus pur.

QUEMLI. — Le plomb.

QUEBRIT. — Le soufre.

QUIAMOS VENA TERRÆ. — La couperose.

QUEBRICUM. — L'arsenic.

[**QUADRIFORMIS.** — La perfection du Grand-Œuvre].

R

RABEBOYA. — La patience dans le Grand-Œuvre.

REBIS. — La première matière des philosophes.

RAMICH [RANICH]. — La noix de galles.

REBONA. — La fiente brûlée.

RUSATAGI [RUSTUGI]. — La calcination du cuivre.

RACARI [RUCARI]. — Le sel ammoniac.

RECHAM. — Le marbre.

RIASTEL. — Le sel commun.

RAIB. — Une pierre quelconque.

ROSA MINERALIS. — Végétal des philosophes produit par une sublimation de l'or avec le mercure (1).

REBOLI. — Liqueur tirée des momies.

[**ROUE.** — L'exercice du travail philosophique].

S

SACTIN. — Le vitriol.

SALIPIT. — Le cuivre.

SENCO. — Le plomb.

SAPHIRICUM ANTHOS. — Liqueur tirée de l'argent et du saphir, pour guérir les maladies du cerveau.

SIBAR. — Le mercure.

SEZUR. — L'or [Le tartre].

SAMECH. — Le tartre.

SIRA. — L'orpiment.

SALAMARUM. — L'argent vulgaire.

SCARELUM. — Alun de plume.

SERPENS, ou **LACERTA VIRIDIS QUÆ PROPRIAM CAUDAM DEVORAVIT.** — C'est toute la liqueur de vitriol rejetée sur la tête d'un mort, qui devient le phœnix.

SPHACTE. — Storax liquide.

STOMOMA [STOMAMA]. — Limaille de fer.

SANGUIS HIDRÆ. — Huile de vitriol.

STELLA TERRÆ. — Le talc.

SAGANI SPIRITUS. — Les quatre éléments.

(1) On trouve dans Tacxsi l'interprétation suivante : Végétal des philosophes qui, réuni au mercure, produit de l'or par le moyen d'une sublimation ; cette interprétation est toute différente, car dans ce cas, le résultat de la sublimation est la production de *l'or* au lieu du végetal appelé *Rosa mineralis* (Note des Éditeurs).

SAGANI SAPIENTIÆ. — Le sel marin.

SAL [SOL] IN HOMINE. — Le principe vital dans l'homme.

SCIRONA. — La rosée d'automne.

SERPHETA. — Réduction d'une pierre en liqueur.

STENNARMATER [SENNARMATER] METALLORUM. — Ce qui engendre les métaux.

SALDINI. — Les hommes engendrés par l'élément du feu.

SYLO. — Le monde en général.

T

THISMA. — La veine des minières.

TENERIABIN [TENERCABIN]. — Espèce de manne.

TRACHSAT. — Le minerai sortant de la terre.

TEMEINCHUM. — L'argent des philosophes.

[TILAN. — L'or ou le soleil philosophique].

TERRA FIDELIS. — L'argent.

TIFFOCUM. — Le vif argent.

TINCTURA MICROCOSMI MAGISTERE. — Sang humain pour faire la lampe de vie.

TITAR. — Le borax.

TIN. — Le soufre.

TERSA. — L'écume de mer.

TICCALIDAR [TINALIDAR]. — La moutarde.

TECOLITHUS. — Pierre qui se trouve dans les éponges.

TINCHAR [TINCTOR] VIRIDITATIS ŒRIS. — Eau composée de tous les sels.

TERRA SANCTA. — Antimoine vitrifié.

TERRA SARACENICA. — L'émail.

TRICEUM. — Le miel.

TIRI NOSTRI AB AQUILA RAPTI. — Le mercure rendu fixe.

U

[**URNE**. — Tabernacle philosophique].

UMO. — L'étain.

UVORNAS. — Le vinaigre des philosophes.

UNDENŒ. — Les esprits aériens.

UNITAS TRITHEMII. — Le ternaire uni par la destruction du binaire.

URINA VINI. — L'urine d'un ivrogne.

V

VISCI DEBOTIN. — La thérébentine.

VASTIOR. — Le safran.

VERGILIÆ. — Herbes printanières.

VITRUM PHILOSOPHORUM. — Les Alambics.

VITRIOLA METALLICA. — Les sels des métaux.

[**WODAN**. — Mercure philosophique].

VISQUALIUS. — Le gui d'arbre.

VIRGUTTA [VIRGULA] FOSSORUM. — La baguette qui indique les trésors.

X

XILOCASSIA. — La cannelle.

XYLOBALSAMUM. — Parties de macis et de souchet.

XENECTHUM. — Le premier menstrue vierge.

XISPIMUM [XISPTMUM]. — Le vinaigre.

XENI NEPHIDEI. — Esprit qui indique à l'homme les merveilles de la nature.

XISTUM. — Le vert-de-gris en poudre.

XENECDON. — Pantacle ou amulette dans laquelle on met l'image d'une constellation [telle que le pentagone pythagorique ou l'aboyeuse].

Quelque ridicule que puisse sembler cette amulette, je vais donner la manière de la faire, et parler des vertus qu'on lui attribue : On prend un morceau de parchemin d'un pouce et demi qu'on coupe en triangle ; on le tient exposé à l'air pendant trois nuits. On écrit ensuite quatre X à côté l'une de l'autre sans ponctuation ; on fait au-dessous la figure d'un ours, d'un dragon, ou autres signes qui soient au firmament. On colle enfin ce parchemin sur un taffetas cramoisi, et on le recouvre avec du satin jaune. Ce pantacle se porte sur le creux de l'estomac pour prévenir les indigestions, les coliques et la migraine. On le porte attaché contre le poignet gauche, pour guérir les fièvres. On le tient sur la tête nue pour le mal caduc et autres maladies des nerfs.

[**XANTHUS.** — Fleuve philosophique].

Y

YELION. — Le verre.

YHARIT. Le changement du laiton en argent.

YGROPISSOS. — Le bitume.

YERCIA. — La poix.

YSIR. — Préparation particulière du mercure réduit en pierre.

YCAR. — Médecine quelconque.

[**YEUXINA.** — Le regard fixe du phil.·. sur le G.·. Œuvre].

YDROCECUM — Le mercure.

YRIDE [**YVIDE**]. — L'orpiment.

Z

ZEMECH. — Pierre d'azur.

ZENITH JUVENCULARUM. — Le premier sang menstruel d'une fille.

ZINIAT [ZENIAT]. — Le ferment.

ZONNETIGNOMI [ZEMETI GNOMI]. — Phantôme.

ZANCRES [ZENERES]. — L'orpiment.

ZARSRABAR. — Le mercure.

ZAIDIR. — Vénus.

ZERÈS. — Le vitriol.

[**ZANCLE.** — Faux ou faucille, sorte d'instrument qui sert aux philosophes].

ZIPAR. — La rhubarbe.

ZAFARAM. — Limaille de fer brûlée dans un vaisseau de cuivre.

ZARCA. — L'étain.

ZIMAX. — L'airain.

ZITTER. — Marcassite.

ZINSIFAR. — Le cinabre.

ZITHUM. — La bière.

ZENEXTON [ZEUXTON]. — Amulette qu'on croit capable de préserver de la peste.

A l'aide de ce petit dictionnaire, on pourra lire très couramment les écrits des alchimistes, qui se sont très souvent servis d'une expression différente pour désigner le même mot. On ne trouve les opérations impossibles que par la raison qu'on prend, dans les recettes des adeptes, des substances pour d'autres, faute de s'entendre.

Une autre difficulté qui se présente, en lisant les anciens auteurs, c'est la connaissance des divers caractères dont les philosophes chimistes se sont servis pour désigner les matières qu'ils mettent en usage. Mais on trouve de ces tables de caractères à la tête de tous les livres de chimie ; il est facile de s'en procurer une, et de faire une étude particulière sur cet objet. Ces tables n'étant pas rares, je n'ai pas cru devoir en joindre une à cet ouvrage.

Je dois seulement ajouter une table des caractères du zodiaque qui ne se trouve point dans les ouvrages modernes, c'est-à-dire dans la table des caractères des chimistes de nos jours. Les douze signes du Zodiaque prêtent leur caractère à douze substances que les adeptes mettent beaucoup en œuvre, par exemple.

♒. Le *Verseau* signifie le sel de nitre.
♋. Le *Cancer* signifie le sel ammoniac.
♑. Le *Capricorne* signifie l'alun de plume.
☋. La *Queue du dragon* signifie le mercure.
♊. Les *Gémeaux* signifient l'orpiment.
♎. La *Balance* signifie le vitriol romain.
♌. Le *Lion* signifie l'or.
♐. Le *Sagittaire* signifie l'alun de roche.
♏. Le *Scorpion* signifie le soufre.
♉. Le *Taureau* signifie le bitume.
♍. La *Vierge* signifie l'arsenic.
♈. Le *Bélier* signifie l'antimoine.

Ces mêmes signes ou caractères du Zodiaque, sont aussi employés quelquefois pour désigner les douze portes qui conduisent à l'œuvre, c'est-à-dire qu'ils signifient les douze opérations de la chimie ; par exemple :

♈. Le *Bélier* marque la calcination.
♉. Le *Taureau* marque la congélation.
♊. Les *Géméaux* marquent la fixation.

♋. Le *Cancer* marque la dissolution.
♌. Le *Lion* marque la digestion.
♍. La *Vierge* marque la distillation.
♎. La *Balance* marque la sublimation.
♏. Le *Scorpion* marque la séparation.
♐. Le *Sagittaire* marque l'incinération.
♑. Le *Capricorne* marque la fermentation.
♒. Le *Verseau* marque la multiplication.
♓. Les *poissons* marquent la projection.

La philosophie n'étant pas faite pour être cultivée par tous les hommes, les adeptes durent se servir de différents signes pour s'entendre entre eux, et ne pas divulguer leurs opérations. Ils employèrent non seulement des mots qui leur étaient propres, mais ils se servirent encore, dans leurs écrits. d'autres lettres que celles qui sont dans les alphabets ordinaires. Voici l'alphabet qui est le plus en usage parmi les *Frères de la Rose ✝ Croix*, ainsi que parmi tous ceux qui publient des secrets sur la Philosophie Occulte.

ALPHABET DES SIGNES ET PLANÈTES

♓	ou les Poissons.	A
♑	ou le Capricorne	B
♒	ou le Verseau	C
△	ou le Triangle	D
Λ	le Compas	E
✠	la Croix	F
♉	ou le Taureau	G
↔	ou le Sagittaire	H
☆	l'Étoile	I
K	. . . .	K
♎	ou la Balance	L
♏	ou le Scorpion.	M
☉	ou le Soleil	N
☾	ou la Lune	O
♈	ou le Bélier	P
□	ou le Quarré (Carré)	Q
—	ou une Ligne droite	R
/	ou Ligne oblique	S
♊	les Gémeaux.	T
⸸	Croix renversée	U
X	. . . .	X
‡	. . . .	Y
Z	. . . .	Z

ALPHABET DES SIGNES ET PLANÈTES

(Variantes de Tacxsi).

Signe	Nom	Lettre
	Les Poissons	A — 16.
	Le Capricorne	B — 24.
	Le Verseau	C — 3.
	Le triangle écossais	D — 17.
	Le compas	E — 28.
	La double croix	F — 18.
	Le Taureau	G — 9.
	Le Sagittaire	H — 11. *z
	L'étoile du zénith	I — 20.
	Janus	J — 3.
	Krodus	K — *1.*
	La Balance	L — 23.
	Le Scorpion	M — 10.
	Le Soleil	N — 19.

☾	La Lune	O — 4.
♈	Le Bélier	P — 15.
□	Ou les quatre points cardinaux	Q — 13.
	Roue.	R — 2.
	Serpent	S — 12.
♊	Les Gémeaux	T — 6.
	Urne	U — 7.
	Wodan	V — 5.
	Xanthus	X — 21.
	Yeuxina	Y — 14.
	Zancle	Z — 14.

La science de la cabale chimique étant très étendue, il serait difficile de dire tout dans cet ouvrage. J'ai seulement voulu donner la clef des différents écrits qui ont été publiés sur cette matière. Si l'on fait bien attention à tout ce que j'ai dit, on ne sera point embarrassé pour opérer. Mais, je le répète, ce livre n'est point un de ceux qu'on doit lire en courant. On verra, en le méditant, que les Sciences Occultes sont fondées sur des observations constantes et certaines.

Comme tous les hommes ne sont point initiés dans la F.·. M.·., ni dans la société des *Frères de la Rose✝Croix*, je veux cependant rendre cet ouvrage utile à ceux qui, sans connaître ces instituts, sont pourtant amateurs de la chimie et de la médecine.

Ayant employé un style assez figuré pour peindre les travaux philosophiques, je vais m'expliquer sur quelques secrets qui peuvent intéresser tous les lecteurs. Je souhaite qu'on n'en fasse pas mauvais usage. On ne doit rechercher la santé que pour n'en jamais abuser. Les richesses ne sont désirables que pour en faire part aux pauvres, lorsqu'on les a acquises.

Le morceau suivant est un petit recueil d'observations extraites des œuvres d'un chimiste arabe qui a fait sous mes yeux des choses surprenantes. Il possédait à fond la chimie, l'astrologie, et surtout l'art de connaître les hommes. Il me donna quelques leçons sur cette dernière science; c'est par lui que j'ai connu tout le mérite des ouvrages du médecin *La Chambre*, et de ceux du fameux *Lavater* : ce dernier est un citoyen de Zurich en Suisse ; il continue un ouvrage sublime sur l'extérieur de l'homme, et les signes qu'on peut en tirer pour juger ses mœurs comme son caractère. Je me fais un devoir de placer ici l'éloge de M. *Lavater*; quels que soient ses détracteurs, c'est un observateur plein de mérite.

J'ai moi-même répété de ses observations que j'ai trouvées très justes.

Je reviens au petit extrait de l'écrit que m'a communiqué le médecin arabe, lors de mes voyages en Turquie.

Extrait d'un manuscrit arabe par M. KERS.

Ce petit recueil contient onze recettes, que j'ai divisées par numéros.

I

Composition du vinaigre philosophique.

♱ PP.

On fait d'abord fermenter du miel, dont on tire ensuite l'*acide*.

On a, d'autre part, tiré l'*acide* de ce liquide qui reste, après qu'on a retiré l'esprit de vin.

On mêle ensuite ces deux acides en égale proportion avec de l'*acide* vitriolique ; en fermentant et s'unissant, ces trois *acides* produisent le vinaigre philosophique.

Cette préparation, que les adeptes ont aussi appelée *Lait virginal*, ou *Eau mercurielle*, est regardée comme le seul dissolvant de tous les métaux. Aussi a-t-on cherché à composer le vinaigre philosophique en distillant, sublimant, calcinant le nitre, la magnésie, le mercure, etc. Tout simple que paraisse le procédé qu'on a indiqué, on ne doit pas douter que le vinaigre philosophique ne contienne des parties mercurielles, puisque la planète de mercure influe nécessairement sur toute la matière, et qu'on trouve le mercure dans tout.

II

Eau pour amollir tous les métaux.

℞. Une once de sel ammoniac,
demi-once de nitre purifié,
et deux onces de tartre.

Vous ferez bouillir le tout dans une livre d'eau, jusqu'à consomption d'un quart.

Lorsque vous voulez amollir un métal, vous le faites rougir, et l'éteignez dans cette eau.

III

Secrets chimiques.

Liqueur qui a la vertu de changer ☽ en ☉, et de guérir les maladies.

Prenez du mercure qui aura été neuf fois sublimé par le sel commun et le vitriol, dissolvez-le dans de l'esprit de vin très rectifié.

Distillez cette solution jusqu'à siccité. Ensuite, en sublimant ce qui sera resté, séparez le fixe du volatil.

Joignez-les de nouveau, répétez la sublimation, et ainsi jusqu'à trois fois.

Il vous restera une poudre rouge, si vous avez bien opéré ; sans quoi, recommencez de nouveau.

Lorsque vous aurez cette poudre rouge, retirez-en avec soin la partie saline ; dissolvez la poudre dans l'*eau dissolvante*, dont je donnerai plus bas la composition (1).

Ayez, d'une autre part, une partie d'or que vous aurez dissous dans l'*eau dissolvante*. Confondez ces deux dissolutions, faites-les digérer et distiller.

Prenez ce qui restera dans le fond ; calcinez-le au réverbère.

Ajoutez des fleurs de sel ammoniac à ce qui aura été calciné ; mêlez-le ensuite avec de l'esprit de vin que vous distillerez. Ce qui restera vous donnera des cristaux.

Cette cristallisation, exposée à l'air, s'imbibera peu à peu de l'humidité de l'atmosphère, et se changera bientôt en liquide. C'est avec cette eau qu'on change ☽ en ☉, et qu'on tient le corps en santé.

Réduit en chaux par le mercure, vous laissez digérer le tout pendant un mois dans de l'eau très pure.

IV

Teinture humaine, ou le contrepoison des anciens.

Il faut arracher, entre les jours de Saint-Jean et de Saint-Jacques, la lune étant dans son plein, la *renon-*

(1) *Formule de l'eau dissolvante.*

℞. Du vitriol, du salpêtre, de chaque une livre ; du sel du vitriol, du salpêtre, de chaque une livre ; du sel ammoniac, une once ; pulvérisez, et mettez dans une cucurbite à long col ; distillez à feu lent. Vous prendrez une once de ce qui aura été distillé, à quoi vous ajouterez deux gros d'or.

cule des Alpes, mais non pas celle des jardins ; vous aurez aussi de la racine de sanicle rouge. Prenez le cœur et le foie d'une vipère que vous vous serez procurée en vie ; faites calciner ce cœur et ce foie sur une pelle rouge, et réduisez-les en poudre. D'autre part, vous ferez sécher les racines, vous les mettrez de même en poudre subtile. Tenez ces poudres séparées, et dans des flacons bien bouchés.

La dose est d'un demi-gros de poudre de la vipère, sur un gros de poudre de racine. Quelques anciens philosophes assurent qu'une seule dose, prise une fois dans la vie, met à l'abri de toute crainte et de toute surprise de poison.

V

La Lampe de Vie.

Quelques adeptes crurent avoir trouvé dans la préparation suivante, un moyen infaillible de porter le pronostic dans les maladies, c'est-à-dire de juger de la mort ou de la guérison. Ils dirent donc avoir composé une lampe dont la flamme est plus ou moins vive, suivant le bon ou le mauvais état de la santé ; cette lampe s'éteignant, la personne meurt.

Celui qui veut avoir une lampe qui l'instruise sur son état même, prendra de l'esprit rectifié, tiré de l'hydromel ; il aura aussi de son sang dont il tirera de même l'esprit par la distillation : mêlant ces deux esprits, il les distillera de nouveau. C'est ce véhicule inflammable qui servira d'aliment au foyer divinatoire.

VI

Poudre pour faire tomber les dents.

On prend des limaçons sauvages avec leurs coquilles, on les calcine, et les réduit en poudre ; on humecte cette poudre avec du sang de grenouilles vertes ; on porphyrise le tout, on le fait sécher de nouveau C'est sans doute de cette poudre que se servent quelques empiriques pour arracher les dents sans aucun instrument de chirurgie.

VII

Sirop anti-apoplectique et anti-paralytique.

Prenez une demi-livre de vin blanc ; six onces d'eau de roses ; un gros de verre réduit en poudre très subtile ; six gros de cannelle. Infusez le tout ensemble, passez-le ; faites bouillir la colature avec du sucre pour en faire un sirop selon les règles de l'art.

La dose est depuis une demi-once jusqu'à une once.

VIII

Description mystique du Grand-Œuvre.

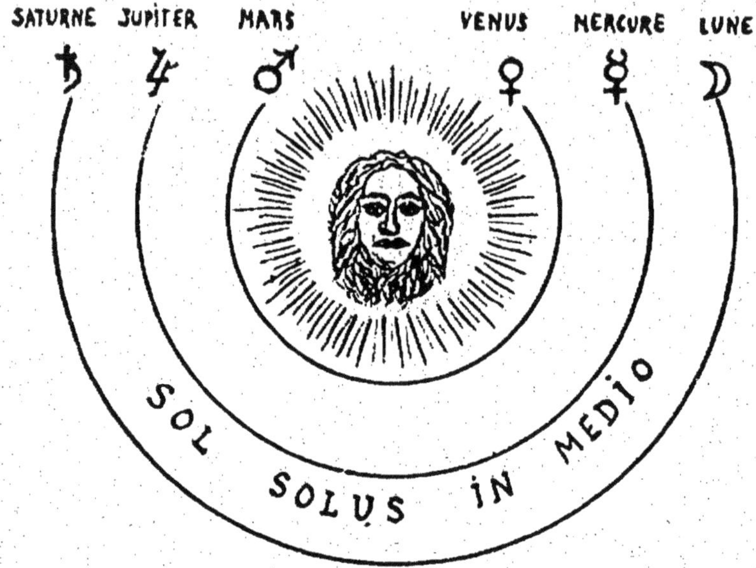

L'explication de cette figure est qu'il faut tirer le sel, ou les cristaux du plomb ♄, les unir avec ceux de l'*argent* ☽.

Prendre ensuite ceux de l'étain, les unir avec ceux du vif argent.

Ceux du fer, les unir avec ceux du cuivre.

De tous ces mariages l'on en fait un autre, et le Soleil se trouve au centre.

IX

Opinion de Libavius sur l'or potable.

Cet auteur dit, *Livre second*, page 79, que les anciens, qui ont tant parlé de l'or potable, n'entendaient point, par ce nom, une liqueur tirée de l'or. Il assure que ce métal n'entrait pour rien dans les préparations qui portaient ce nom. On entendait par *or potable* une liqueur par excellence, une liqueur rare, chère et précieuse. Ils lui donnaient le nom de l'or, par la raison que ce dernier a toujours été précieux et recherché.

Il appuie son opinion sur ce que les anciens regardaient l'usage interne des métaux comme un poison : il est donc sûr, ajoute-t-il, que, si l'or était regardé comme nuisible, on n'en a pas, dans ce temps, fait une liqueur pour prendre intérieurement.

X

Libavius attribue aux feuilles de chêne la vertu de guérir les vieux ulcères, comme topique.

Cette assertion ne répugne ni à la théorie, ni à la pratique de la médecine.

XI

Etoile d'antimoine, ou Pentacle de Salomon.

℞. De l'antimoine de Hongrie, une partie ;
du tartre chalibé, deux parties ;
du tartre commun, quatre parties.

Mêlez le tout ; fondez ; ajoutez-y trois parties de tartre calciné. Répétez trois fois l'opération. Laissez refroidir, et l'étoile est faite. Il y en a qui portent cette étoile en amulette pour se préserver de la contagion et de l'apoplexie.

Fin

PRÉFACE (1)

L'usage de joindre une préface à un livre est de a plus haute antiquité : c'est dans ces requêtes rogatoires, plus ou moins longues, que les auteurs demandent l'indulgence du public. On voit que je ne me conforme pas entièrement à cet usage ; je fais une préface, il est vrai, mais je la mets à la fin de mon ouvrage. Ce n'est point pour prier le lecteur de me lire jusqu'au bout, que je lui adresse cette supplique ; ce n'est que pour lui demander son opinion sur la matière que je viens de traiter ; c'est pour le prévenir que, s'il ne m'a pas compris, il ne doit point pour cela me juger défavorablement ; qu'il me lise de nouveau ; qu'il se familiarise avec les sublimes préceptes de la Philosophie Occulte ; j'ose l'assurer qu'il jouira dans un temps du fruit de ses peines et de ses travaux.

Je dois prévenir les amateurs du Merveilleux, que

(1) Il y a beaucoup de personnes qui me chicaneront sur ma préface, et sur mon originalité de la placer à la fin de mon livre : on dira que ce n'est plus alors une préface. Eh bien, nous l'appellerons *postface*.

les sciences dont je traite exigent de grands sacrifices de la part de ceux qui les cultivent : l'appât de la gloire et de la fortune n'entrent pour rien dans les recherches du vrai philosophe. Le vulgaire ne croit la Pierre Philosophale impossible à trouver, que parce que les adeptes n'en ont jamais fait un objet de commerce. Les fripons qui abusent le peuple, en lui promettant des secrets, ne sont point initiés dans les mystères d'Hermès.

Tous les arts ont eu leurs imposteurs, mais leurs pièges n'ont séduit que l'ignorance. Ne doit-on pas penser que celui qui possède le secret de faire de l'or, n'a aucunement besoin de le vendre ?

Dans la recherche des vérités et des merveilles de la nature, le philosophe doit porter une âme pure, exempte de désirs criminels. On ne doit pas espérer de communiquer avec d'autres êtres que les hommes, si on ne se dégage pas d'une partie de son enveloppe matérielle. L'ignorance n'est autre chose que la punition de nos crimes ; on n'apprendra donc rien pendant qu'on s'adonnera aux vices.

Flottant sans cesse entre deux principes toujours agissant sur le globe, l'homme est, il est vrai, bien embarrassé pour se déterminer en faveur du bon. Celui qui naît dans l'erreur, ne connaîtra pas la vérité sans peine. Celui dont on trompe l'enfance, ne saurait être bien instruit dans un âge avancé.

Les ténèbres dont la Providence nous entoura, doivent servir à nous rendre la vérité plus chère, dès que nous l'avons trouvée. Mais cela nous dicte ce que nous avons à faire, lorsque nous sommes parvenus à être initiés dans les mystères de la Nature. Jamais philosophe n'osa publier ouvertement ses travaux ni ses succès, jamais adepte ne s'entretiendra avec tous les hommes. La connaissance des hauts mystères troublerait l'ordre de la société, si elle était publique. Le commun des hommes abuserait des bontés du ciel ; et, comme le premier des hommes, on ne tarderait pas à être puni d'avoir voulu manger du fruit défendu : la science du bien et du mal est le partage de celui qui ne doit point en abuser... [Ces propositions sont claires et vraies, mais elles ne sont point à portée de tous les lecteurs. Je me suis expliqué dans mon *Apocalypse* sur la naissance de l'homme, sur sa demeure dans le paradis terrestre, sur sa chute, et ses misères actuelles ; le vrai philosophe y verra quels sont les moyens que nous laissa la Divinité pour rentrer dans notre premier état].... Levez les yeux au ciel, et voyez.

Quoi qu'on ne puisse rédiger la théorie et la pratique de nos mystères, au point de les rendre faciles à chacun, il nous est permis de publier les moyens de se faire initier dans la classe des Élus. Ces moyens sont une disposition sincère de fuir le mal, et de découvrir la vérité : croit-on qu'il soit facile de saisir ce point de vue ? Sans cesse entouré de pièges et de tentations, l'homme ne voit pas le bien où il est ; le but où il court n'est qu'une colonne de fumée, qu'espère-t-il gagner en la serrant dans ses bras ? Science de nos jours, philosophie à la mode, tu n'es qu'une suite d'erreurs, c'est par toi que l'homme doit se rappeler qu'il n'est qu'un homme !

La volupté, la mollesse, les plaisirs de l'amour sont les barrières placées entre le vrai et le faux. Pour parvenir, il faut partir du bon principe.

Les astrologues et les géographes se servent de points, de lignes et de chiffres pour faire leurs démonstrations ; je ferai de même. Soit donné un point connu pour arriver à trois ; tirons une ligne de ce point, et prolongeons la ligne jusqu'à l'arrivée du but désiré ; si la ligne est absolument droite, nous trouverons trois ; si, au contraire, elle est oblique, nous formerons quatre, nombre qui nous donnera toujours la somme de douze : le cercle doit son origine aux erreurs de ce genre, on tourne autour de soi sans pouvoir s'élever. Ce calcul est un des premiers travaux des *Frères de la Rose ✝ Croix*. Cette opération les conduit à tirer les connaissances les plus sublimes de la théorie des nombres.

Quelques lecteurs seront encore arrêtés dans les propositions que je viens de démontrer ; elles sont cependant bien claires et bien intelligibles. Mais je reviens à la nécessité où sont les adeptes de s'élever au-dessus des passions et des erreurs du vulgaire.

Tous les livres des philosophes, ceux des législateurs, commencent par prouver la nécessité de se dépouiller du vieil Adam pour mériter les privilèges promis au nouveau. Ces préliminaires indispensables ont un but réel ; il n'y a tant d'ignorants que parce qu'on les a méprisés. L'homme, dépouillé de l'homme, voit les choses bien différemment ; alors la nature se montre sous un autre aspect ; il la suit dans ses merveilles ; elle le conduit dans son laboratoire ; et la végétation, la minéralisation ne sont plus des énigmes.

On voudrait tout savoir sans faire aucun sacrifice : on ne saurait tenir au ciel et à la terre en même temps. Je prie cependant le lecteur de ne point outrer cette proposition, car, prise à la lettre, elle produirait un enthousiaste, un fol, un sauvage, et non pas un philosophe.

Les excès en tout genre sont dangereux. Portons, pour nous en convaincre, les regards dans ces sociétés connues sous le nom de F.·. M.·. La plupart de ceux qui s'y font introduire, n'ont en vue que quelques plaisirs qu'ils s'y promettent ; d'autres espèrent y apprendre des secrets ; quelques-uns n'y attendent que les plaisirs de la table.

Trompés dans leur espoir, c'est à des sots qu'on doit l'invention des plates sottises qu'on débite sur les F.·. M.·. Les uns disent qu'ils s'entretiennent avec le diable ; d'autres soutiennent qu'il n'y a point de secret, et que cet Institut n'est qu'un moyen pour mettre les hommes curieux à contribution. J'ai même connu des Frères qui se plaignaient d'avoir été dupes, et de n'avoir rien appris dans ces sociétés.

Ceux qui se plaignent à cet égard, sont vraiment nés pour les ténèbres. Lorsque le Temple s'ouvre à un profane, on ne lui parle point, il est vrai, des secrets, mais on lui montre des hiéroglyphes qu'il ne tient qu'à lui d'étudier. Celui qui a regardé ces allégories comme ne pouvant avoir aucun sens, peut et doit cesser de paraître en Loge.

Les allégories d'usage dans la F.·. M.·. peuvent non seulement dégoûter quelques personnes peu faites pour le sublime ; elles sont encore la cause de quelques erreurs plus préjudiciables à celui qui les embrasse. Un enthousiaste qui contemple les hiéroglyphes, les interprète suivant son genre d'enthousiasme ; s'il cherche la médecine universelle, il en voit la clef dans tout ce qui s'offre à ses yeux ; s'il veut connaître la transmutation des métaux, il la voit écrite autour de lui ; s'il croit pouvoir converser avec les anges, il s'imagine se trouver au ciel, quand il aura monté l'échelle de Jacob. Enfin chacun monte son cheval d'opinion, on prend sa raison sous le bras, et l'on court la poste dans des terres inconnues.

Ce n'est point ainsi qu'on cherche la vérité. Le philosophe ne se décide à suivre une route que lorsqu'il soupçonne où elle doit le conduire : il faut méditer longtemps avant que de se décider. La vérité existe, elle est une ; trois la démontrent ; sept y conduisent ; elle est le produit de neuf... Autre source d'embarras pour le vulgaire.

Lecteur, qui que tu sois, ne t'abandonne à l'étude des Sciences Occultes que pour avoir la satisfaction de connaître le vrai principe. Aies toujours devant les yeux les misères de l'homme, ses vertus, ses vices et son espoir. Je n'ai point écrit pour t'égarer. Si tu ne vois qu'une simple fable dans ce livre, abandonnes-en la lecture, il n'est pas fait pour toi. Si tu en découvres le sens, la vérité sera ta récompense ; mais n'en fais jamais mauvais usage ; n'écoute ni l'intérêt ni l'ambition : le vrai philosophe n'en a pas besoin.

Fin de la Préface.

TABLE

Raisonnée des Matières contenues dans ce Livre.

(On ne doit espérer de tirer aucun parti de ce livre, on n'étudie pas cette table avant que de le parcourir).

On ne s'apercevra de la juste dénomination du livre qu'après l'avoir lu avec attention. Les lecteurs à la mode porteront sur cet objet le jugement que bon leur semblera ; j'ose assurer qu'il ne leur appartient pas de dépriser cet ouvrage.

Fausse opinion du vulgaire sur le nombre des vérités faites pour l'homme. Ce morceau n'est pas long, ni difficile à comprendre.

Connaissance de l'homme ; vains efforts de quelques-uns ; succès de plusieurs. Philosophie connue. Philosophie Occulte. Laboratoire de la Nature, avec des portes sûres pour y pénétrer. Explication des ouvrages écrits par les adeptes, les chimistes et les philosophes. Cette première partie de ce livre est une préparation à l'intelligence de l'*Apocalypse Hermétique* qui est seule le *Grand Livre de la Nature*. Méthode d'étudier les anciens et d'expliquer leurs allégories sacrées. Merveilles de la végétation ; Palingénésie admirable. Palingénésie des minéraux. Palingénésie des animaux. Nécessité du calcul : Science des Nombres.

CHAPITRE PREMIER. — Seconde vie de l'homme. Moyens pour sortir des ténèbres. Erreur nouvelle, dont on est bientôt puni. Construction d'un édifice qu'on peint sous des ruines dans un style figuré. Première expiation par l'eau. L'homme purifié est conduit par un enfant ; cet enfant n'a pas été celui d'un homme. Première intelligence avec les êtres intermédiaires entre nous et la divinité. Réflexions sur le nombre trois ; le blanc, le vert et le bleu. Papillon, ou plutôt messager indicateur ; c'est la correspondance qui nous lie aux autres animaux, qui ont aussi leur intelligence. Seconde expiation. On voit les portes ; on s'arrête ; on se rend digne d'être initié dans le Temple.

CHAPITRE II. — L'homme remplace un autre homme ; marche de la nature. Il fut purifié par l'eau ; s'étant souillé de nouveau, on lui impose un autre genre d'expiation. Lecture d'un livre singulier, mais qui est le fruit de l'irreligion. Le soleil se lève. La porte s'ouvre. L'aspirant est entouré d'armes. Il fut dépouillé pour le vêtir autrement. Repas qui ne se fait qu'une fois par an ; bruit qui se fait pendant qu'on se nourrit du pain de vie.

CHAPITRE III. — Allégories qui représentent les plus hauts mystères ; elles portent elles-mêmes leur explication. Curiosité punie par une faiblesse ; image des désordres de l'amour. Chambre de pénitence. Autel des sacrifices; livre qu'on ne lit pas encore. Quatrième degré d'expiation.

Chapitre IV. — Fureur des éléments producteurs et destructeurs des formes. Animaux utiles à l'homme ; combat nécessaire. Nouvelle apparition du Guide Céleste, preuve d'un grand sacrifice connu par quelques peuples. Serpent utile ; secrets de la médecine.

Chapitre V. — Escalier à sept marches ; c'est de là qu'on voit les erreurs et les vains efforts de l'ignorance. Soldat armé ; combat dont le succès n'est pas douteux pour l'homme courageux ; le fanatisme et la superstition tombent sous les coups du juste. Baume nécessaire aux aspirants ; c'est de là qu'est venu l'usage de se frotter le front, les mains, etc., dans de certaines circonstances. Manteau retrouvé. Nouveau départ du Guide Céleste, représenté sous la figure d'un enfant. On voit les sept portes ; on frappe, efforts inutiles.

Chapitre VI. — Arrivée des profanateurs du Temple ; innocent mis à mort : peinture de nos mœurs. Les deux colonnes. Mystères et bijoux passant de main en main, et changeant de maîtres sans changer d'usage. Réception, grade sublime. Marche du nouvel homme. Rencontre du lion vert. Travaux du Grand-Œuvre. Allégorie du figuier ; enlèvement de trois figues disputées par un oiseau de proie, l'emblême de celui qui ne cherche la vérité que pour en abuser. Découverte d'un nombre utile. Plumes nécessaires dans un autre temps.

Chapitre VII. — Palais enchanté, source d'erreurs, vils désirs de l'homme ; cette allégorie peint l'enthousiasme et les folies des faux adeptes qui ne travaillent que par avarice. Les neuf colonnes formées par la dépouille du méchant; elles sont cependant la base du vrai Temple ; on lit des inscriptions utiles ; une seule ne s'explique que par la réussite du Grand-Œuvre. Les colonnes tombent ; la saison change, et l'étoile indique par sa marche la route qu'il faut suivre. Carrière connue, mais peu courue. Chute du voyageur. Passage de la voûte. Résurrection du vieillard mis à mort en commençant l'Œuvre. Chandelier à sept branches ; c'est lui qui porte la lumière à tout le globe ; son influence agit sans cesse. Autre calcul des nombres connus. Invention du compas ; usage et vertus des signes du zodiaque.

Chapitre VIII. — Habitation du Soleil ; on s'entretient avec des êtres tout à fait dégagés de la matière. Le nouveau reçu montre son manteau qu'il avait dans un autre temps réduit en cendres. On entre dans un laboratoire de chimie ; mais on n'est admis à la pratique de l'art, qu'après d'autres expiations. Epreuve du sang, qui n'est pas suffisante.

Chapitre IX. — Connaissances de tous les astres. Le Grand Livre s'ouvre. Epreuve terrible pour être initié en entier. Epreuve du mercure. Oubli de ses devoirs ; le feu s'éteint dans le laboratoire ; nouveaux embarras, nouveaux soins ; un instant de perdu coûte la peine de recommencer. Le Grand-Œuvre s'avance ; les planètes prennent leur place. Epreuve du feu ; expiation non moins nécessaire que les précédentes. Formation d'un nouvel homme. Produit du travail ; vérités découvertes.

Cette partie de l'ouvrage a été publiée pour rendre l'*Apocalypse* plus intelligible. On y explique les écarts de quelques alchimistes, et les livres de quelques philo-

Fin

LAVAL. — IMPRIMERIE L. BARNÉOUD ET Cie.

LAVAL. — IMPRIMERIE L. BARNÉOUD ET Cie.

www.ingramcontent.com/pod-product-compliance
Ingram Content Group UK Ltd.
Pitfield, Milton Keynes, MK11 3LW, UK
UKHW020237220726
13923UKWH00002B/693